エンベデッド・ファイナンスの衝撃

Embedded Finance

すべての企業は金融サービス企業になる

野村総合研究所
城田真琴

東洋経済新報社

はじめに

「すべての企業は金融サービス企業になる（Every Company Will Be A Financial Services Company）」

これは、米国を代表するベンチャーキャピタル、Andreessen Horowitz（アンドリーセン・ホロウィッツ、略称a16z）でゼネラル・パートナーを務めるアンジェラ・ストレンジ氏の言葉だ。２０１９年11月に開催された同社の年次イベント「a16z Summit」のプレゼンテーションの中で発したこの言葉は大きな反響を呼んだ。

「それほど遠くない将来、ほぼすべての企業が収益の大部分を金融サービスから得ることになるだろう」という同氏の主張は、銀行や証券、保険会社以外の企業が金融サービスの提供に乗り出している昨今の状況を見れば違和感はない。海外では、グーグル、アマゾン、アップルといった巨大ＩＴ企業が決済、融資、クレジットカードの発行、さらには銀行口座の提供に乗り出そうとしている。

国内でもメッセージアプリを提供するＬＩＮＥが、野村ホールディングスと共同出資してＬＩＮＥ証券を設立したのに続き、みずほフィナンシャルグループとの共同出資による「ＬＩＮＥ Ｂａｎｋ」の設立準備も進めている。２００８年に三菱ＵＦＪ銀行と共同出資してじぶん銀行（現ａｕじぶん銀行）を設立したＫＤＤＩは、２０１４年にＫＤＤＩフィナンシャルサービス（包括信用購入あっせん業）、２０１６年にKDDI Reinsurance（再保険業）、２０１８年にＫＤＤＩアセットマネジメント（投資運用業）を設立するなど、金融サービスの拡充を次々と進めている。

　もはや、こうした異業種からの金融業への参入は、それほど珍しいものではなく、すでに本業を凌ぐ利益を金融事業で稼いでいる企業もある。一般的には小売業のイメージが強い丸井グループは２０２１年３月期決算では小売の営業利益15億円に対し、クレジットカード「エポスカード」の手数料収入を中心とした金融事業の営業利益は２０３億円である。実に小売の10倍以上の営業利益を金融事業で稼いでいることになる。

　同社は家具の月賦販売からスタートし、１９６０年には日本で初めてクレジットカードの発行を開始するなど、創業当初から小売と金融が一体となったビジネスモデルを推進してきた。２０１８年２月には、20～30代のミレニアル世代（１９８０年から１９９５年の間に生まれた世代）をターゲットに投資信託の販売を行うtsumiki証券も設立している。

もっとも、本書がメインテーマとするのは、単なる異業種による金融業への参入ではない。「エンベデッド・ファイナンス（Embedded Finance）」、日本語では「組み込み金融」「埋め込み金融」あるいは「モジュラー型金融」などと呼ばれる新たな金融サービスの潮流である。言葉の定義については第1章で詳しく説明するが、簡単にいえば、「金融以外の事業を展開する非金融企業が、既存サービスに金融サービスを組み込んで提供する」ことである。ここでポイントとなるのは「既存サービスに金融サービスを組み込む」という点である。すなわち、単に金融サービス会社を紹介したり、子会社を通じて金融サービスを提供したりするだけでは、エンベデッド・ファイナンスとは呼べない。既存のサービスに金融サービスが組み込まれていなければならないのだ。何を以って「組み込む」と呼ぶのかは定義が難しいが、後ほど具体的な例とともに詳しく説明していきたいと思う。

エンベデッド・ファイナンスで主役となるのは、伝統的な金融機関でもなければ、この数年、金融業界を賑わせているフィンテック企業でもない。小売・通信・サービス・ＩＴといった非金融企業である。冒頭の「すべての企業は金融サービス企業になる」という言葉は、言い換えれば、「現在、金融サービスを提供していない企業も金融サービスを提供するようになる」ことを意味する。

誤解なきように説明しておくと、伝統的な金融機関もフィンテック企業もキープレイヤの一角を担うことは間違いない。エンベデッド・ファイナンスは金融業のライセンスを保有する伝統的な金融機関や、金融機能をＡＰＩ（アプリケーション・プログラミング・インターフェース）を通じ、サービスとして提供するフィンテック企業の存在なしには成立しない。しかし、多くの顧客接点を持っている非金融企業が主体となり、自社の既存サービスに金融サービスを組み込んで顧客に提供するというのがエンベデッド・ファイナンスの特徴である。その点で主役となるのは非金融企業である。

筆者が２０１６年に刊行した『ＦｉｎＴｅｃｈの衝撃』（東洋経済新報社）では、マイクロソフトの創始者であるビル・ゲイツ氏が１９９４年に発した「Banking is necessary, banks are not（銀行の機能は必要だが、銀行は必要か？）」というフレーズを紹介した。この本の執筆当時は、「仮に銀行が必要なくなるとすれば、新たに銀行の機能を提供するのはフィンテック企業であろう」という思いであった。しかし、約5年が経過した現在、銀行は大きな変革の波にさらされているものの変わらず存在感を維持している。フィンテック企業もごく一部を除いては、銀行や大手の保険会社に代わって金融サービスの主導権を握るまでには至っていない。むしろ、海外ではＪＰモルガン・チェースによるロボアドバイザーベンダーであるナッツメグ（Nutmeg）の買収やアメリカン・エキスプレスによるオンラインレンディングベンダー、キャベジ（Kabbage）の買収など、大手の金融機関がフィンテック企業を傘下に取り込む動きが目立つ。金融事業には信用や信頼が不可欠である。それだけに、創業間もないフィンテック企業が以前から存在する大手金融機関に代わって顧客の信頼を得るのは、一朝一夕では難しいということだろう。

しかし、常日頃から消費者と取引のある小売や通信キャリアであればどうだろう？　毎週・毎月買い物をしたり、サービスを利用したりしている関係であれば、一定以上の信頼関係は構築できているだろう。もちろん、金融サービスの提供に関しては未知数ではあるが、定期的に顧客との接点を持てるのは大きな利点である。

考えてみて欲しい。銀行の店舗を最後に訪れたのはいつだったか覚えているだろうか？政府の熱心な旗振りによって少しずつキャッシュレス化が進みつつあるものの、いまだに現金が多く残る日本では、ＡＴＭを利用するために銀行を訪れることはあるかもしれない。しかし、それ以外の目的で銀行を訪れる機会はほとんどないという人も多いのではないだろうか。

他の金融サービスではどうか。たとえば保険の場合、さらに顧客との接点は少なくなる。

1年に1度の更新が必要になる自動車保険は別にして、生命保険や医療保険の場合、加入してから一度も保険会社と接する機会がない人も多いだろう。幸いなことに健康で病気と無縁な人は、結婚や出産などのイベントがなければ契約を見直す機会もなく、加入時からずっとほったらかしという人も少なくない。生保会社では取引以前に消費者との接点をいかに作り、維持するかが当面の重要課題となっている。

この点、日常的に消費者と接する機会がある非金融企業の場合、消費者が金融サービスを必要とするベストタイミングでさまざまな商品やサービスを提案できる。たとえば、アパレルのECサイトを運営する企業の場合、消費者が「この服が欲しい。でも、今月は家計が厳しい」と思案している時がチャンスである。この時に「後払い（決済）」という選択肢を提示できれば、顧客の購買意欲が最大限に高まっているタイミングで背中を押して購買に結び付けることができる。これはECという既存サービスに、「後払い決済」というう金融サービスを組み込んだ例である。旅行会社であれば、海外旅行を計画している消費者に対して旅行向けのローンを提案できるかもしれない。このように、消費者が置かれているコンテキスト（状況）を踏まえたベストのタイミングで適切なオファーを提示する。つまり、消費者の行動の動線に結び付けて金融商品やサービスを一緒に提案できる点こそが、非金融企業がエンベデッド・ファイナンスに参入する大きなモチベーションになる。ただし、こうしたコンセプトは決して新しいものではない。たとえば、自動車販売会社が提供するオートローンはエンベデッド・ファイナンスの「はしり」といえるだろう。1920年代には、米国のGM（ゼネラルモーターズ）やクライスラーが低所得の家庭でも中・高級車が購入できるようにオートローンの提供を開始している。GMはオートローンの提供によって、当時世界最大の自動車会社だったフォード・モーターを抜き去り、シェア1位の座を獲得するなど、その効果は絶大であった。

では、当時と現在の違いは何か。違いは3点ある。1点目は自動車の販売会社だけでなく、アパレルや旅行、家電販売など、さまざまな業界で適用されるようになりつつあること、2点目はオフライン（店頭）だけでなく、ECなどオンライン取引でも実装され、しかもすばやく申し込めるようになったこと、そして3点目は提供する金融サービスの種類がローン（融資）だけでなく、決済や投資、保険などに広がっている点である。

米プライベートエクイティのLightyear Capitalは、米国におけるエンベデッド・ファイナンスの市場規模は、2020年の225億ドルから、2025年には10倍強となる2298億ドルに拡大すると予想している。もちろん、米国の状況がそのまま日本に当てはまるわけではないが、金融業界の関係者の多くが米国を中心とする欧米の動向を注視しているのも事実である。

この数年、日本では金融を巡る規制緩和が相次いで進められている。特に2020年には、金融商品の販売等に関する法律（金融商品販売法）を「金融サービスの提供に関する法律」に改称し、1つの登録で銀行・証券・保険すべての分野のサービスを仲介可能とする「金融サービス仲介業」を創設したり、銀行以外の事業者に100万円超の送金を認める資金決済法が改正されたりした。小売業やサービス業などが多彩な金融サービスを提供しやすい土壌が整いつつあるといえよう。

本書では、エンベデッド・ファイナンスを巡る欧米の動向を中心に紹介しながら、国内の萌芽事例を交え、エンベデッド・ファイナンスの今後を展望していく。

まず第1章では、これまでの金融業界、特にここ数年のフィンテックを巡る動きを振り返りながら、エンベデッド・ファイナンスが生まれた背景と業界構造、主要プレイヤについて解説する。

第2章では、決済、貸付、保険など、エンベデッド・ファイナンスを構成する主要5領域について、欧米の興味深いサービス事例とともに紹介する。また、エンベデッド・ファイナンスに積極的に取り組んでいる企業として、ショッピファイ（Shopify）とゴールドマン・サックスについて詳しく説明する。

第3章では、消費者と日常的な接点を持つ企業として、グーグル、アップル、アマゾンといった大手テクノロジー企業の米国を中心としたエンベデッド・ファイナンス戦略について解説する。

第4章では、国内に視線を移し、Zホールディングスやメルカリといったネット企業の先行的な取り組みを紹介する。また、エンベデッド・ファイナンスに参入する非金融企業を黒子としてサポートする立場になる銀行やフィンテック企業などの動向を解説し、今後の方向性について考察を加える。

第5章では、エンベデッド・ファイナンスの将来の姿として、中国や東南アジアを席巻しているスーパーアプリに着目して今後を占う。

国内外で猛威を振るった新型コロナウイルスの収束後を見据え、新たな事業の検討に着手する企業は少なくない。金融業界はもちろんのこと、非金融業界にとってもエンベデッド・ファイナンスの潮流は無視することのできない大きなうねりとなる。本書が新事業検討のお役に立てれば幸いである。

目次

第4章 動き出した国内企業

第1章

エンベデッド・ファイナンス（組み込み金融）とは何か？

変革が進む金融業界

近年の金融業界を巡る環境は目まぐるしく変化している。とりわけ、２０１５年頃から「フィンテック」という言葉がメディアを賑わすようになってからは、「オープンイノベーション」「デジタル化」「ＤＸ（デジタルトランスフォーメーション）」など産業界全体を取り巻くビジネストレンドの影響を受け、大きな変革を迫られている。

特にフィンテックブームは大企業におけるオープンイノベーションブームとタイミングが重なったため、既存の金融機関がフィンテック領域のスタートアップに積極的に出資したり協業したりといった動きが加速した。米国のシリコンバレーに人材を派遣して、現地のスタートアップを探索したり、ＶＣ（ベンチャーキャピタル）に出資したりして有望なスタートアップを紹介してもらうといった活動も活発に行われた。

２０１７年頃からはデジタル化やＤＸが大きなトレンドとなり、現在も続いている。金融機関では、ＲＰＡ（ロボティック・プロセス・オートメーション）やＡＩ－ＯＣＲ（ＡＩを利用した光学文字認識技術）、あるいは機械学習などを活用して、定型業務だけでなく、融資審査などの非定型業務についても自動化・効率化を図る機運が高まっている。

背景にあるのは、日本銀行のマイナス金利政策などによる超低金利の長期化である。銀行は貸出金利と調達金利の差である「利ざや」で利益を得るのが基本的なビジネスモデルであった。しかし、長引く超低金利の影響で利ざやが縮小し、銀行の収益は悪化している。このため、ＲＰＡなどの導入によって業務の自動化を進め、コスト削減と人員削減を図ると同時に、預貸金業務中心の収益モデルから脱却し、新たなビジネスを創出することが急務となったのである。フィンテック企業に対する出資や協業は既存金融機関の新ビジネス創出の期待を示すものであった。

政府の規制緩和や法規制の改正も金融業界の変革を強力に後押ししている。特に２０１８年６月に施行された改正銀行法で、銀行は２０２０年５月までにオープンＡＰＩを実装することが努力義務として課された。これは、銀行とフィンテック企業とのオープンイノベーションを進展させようとするものである。

コロナ禍がさらなる変革を迫る

２０２０年初めから、国内外を襲っている新型コロナウイルス感染症の影響も大きい。

海外ではロックダウン、国内では緊急事態宣言の発出によって、人々は外出を制限されるようになった。その結果、特に海外では、社会機能の維持に不可欠な重要業務以外はＰＣやスマートフォンのモバイルアプリなどを利用したインターネットバンキングの利用が推奨されるようになった。

日本ではこの数年、メガバンクなど大手金融機関が店舗の見直しを進めている。窓口であらゆる手続きができる従来型の「フルバンク」を減らし、個人向けに資産運用などのコンサルティングに特化した「軽量店舗」を増やしたり、そもそも店舗自体を減らし、運営コストを抑える、あるいは法人営業は顧客訪問を主とし、地域の主要店舗に集約したりするといった具合だ。たとえば、ＳＭＢＣグループは２０２０年時点で計４３８の店舗のうち、わずか21に過ぎなかった軽量店舗を２０２２年までの３年間で３００にまで増やすことで、２５０億円のコスト削減を目指すと発表している。

しかし、こうした次世代の店舗戦略もコロナウイルスの影響が長期化すれば、見直しを迫られるかもしれない。コロナ禍では、営業担当者は顧客と直接会って会話することがままならなくなり、非対面での営業活動を余儀なくされるようになった。コロナ禍以前の銀行の営業担当は顧客と直接会話し、顧客の事情を詳しく把握した上で資産運用のアドバイスをしてきた。保険会社であれば、顧客の自宅や職場を訪問し、保険加入や見直しのアドバイスをしてきた。しかし、コロナ禍ではそもそも顧客と会う機会が少なくなり、慣れないリモート営業では、雑談の中から提案する商品のヒントを見つけ出すことが難しくなってしまったのである。

日常生活に溶け込む金融サービスの実現へ

今後、ワクチン接種がさらに進んだとしても、われわれの生活は以前とまったく同じには戻らないだろう。毎日ぎゅうぎゅう詰めの満員電車に揺られて通勤したいと思う人はいない。会社で同僚・上司と顔を合わせて会話をするメリットはもちろんあるが、毎日である必要はない。頻度の多少はあっても、現在テレワークを行っている企業がテレワークをゼロにすれば、従業員の反発に遭うだろう。リモート営業も同じで、恐らく今後も残り続けるはずだ。

「はじめに」で紹介したように、エンベデッド・ファイナンスとは、「金融以外の事業を展開する非金融企業が、既存サービスに金融サービスを組み込んで提供する」ことを意味

図表1-1　エンベデッド・ファイナンスの主要プレイヤと企業例

	役割	主要プレイヤ	企業例
非金融企業	イネーブラーが提供するBaaSなどを利用し、最終的に消費者に金融商品/サービスを提供	顧客接点を有し、大規模な顧客ベースを持つ流通・小売・通信・旅行・ITなどの企業	日本：メルカリ、ヤフー、KDDI、LINEなど 米国：Apple、Google、Uber、テスラ、Fordなど
イネーブラー（Enabler）	非金融企業に対し、BaaSなどのAPIを通じて、預金や融資、クレジットカード、保険などの金融商品やサービスを提供	日本：フィンテック企業、銀行 米国：フィンテック企業	日本：Finatext、スマートプラス、インフキュリオンなど 米国：Marqeta、Galileo、Finix、Synapse、Stripeなど
ライセンスホルダー（金融サービス関連免許の保有者）	金融の免許を保有し、金融商品やサービスを非金融企業に提供	日本：フィンテック企業、銀行 米国：銀行	日本：住信SBIネット銀行、新生銀行、GMOあおぞらネット銀行、みんなの銀行など 米国：Green Dot Bank、BBVA、Cross River Bank、Goldman Sachsなど

（出所）野村総合研究所

する。すなわち、消費者に直接、金融商品や金融サービスを届けるのは、銀行・証券・保険などの金融企業ではない。消費者と日常的に多くの接点を持つ小売や通信キャリアなどの非金融企業である。伝統的な金融企業、あるいは新興のフィンテック企業は非金融企業の黒子として、金融商品・サービスの提供や非金融企業と金融企業をつなぐ役割を担うことになる。ここでの登場人物を整理すると主に３者である（**図表１－１**）。

まずは消費者と接点を持ち、消費者に金融商品や金融サービスを直接届ける非金融企業である。非金融企業は自ら融資や預金などのサービスを組成できるわけではないため、「ＢａａＳ（Banking as a Service）」などを利用して、伝統的な金融機関やフィンテック企業が提供する金融サービスを自社のサービスに組み込んで提供する。

ＢａａＳとは、決済・預金・融資・保険などの金融サ

図表1-2　BaaSのイメージ

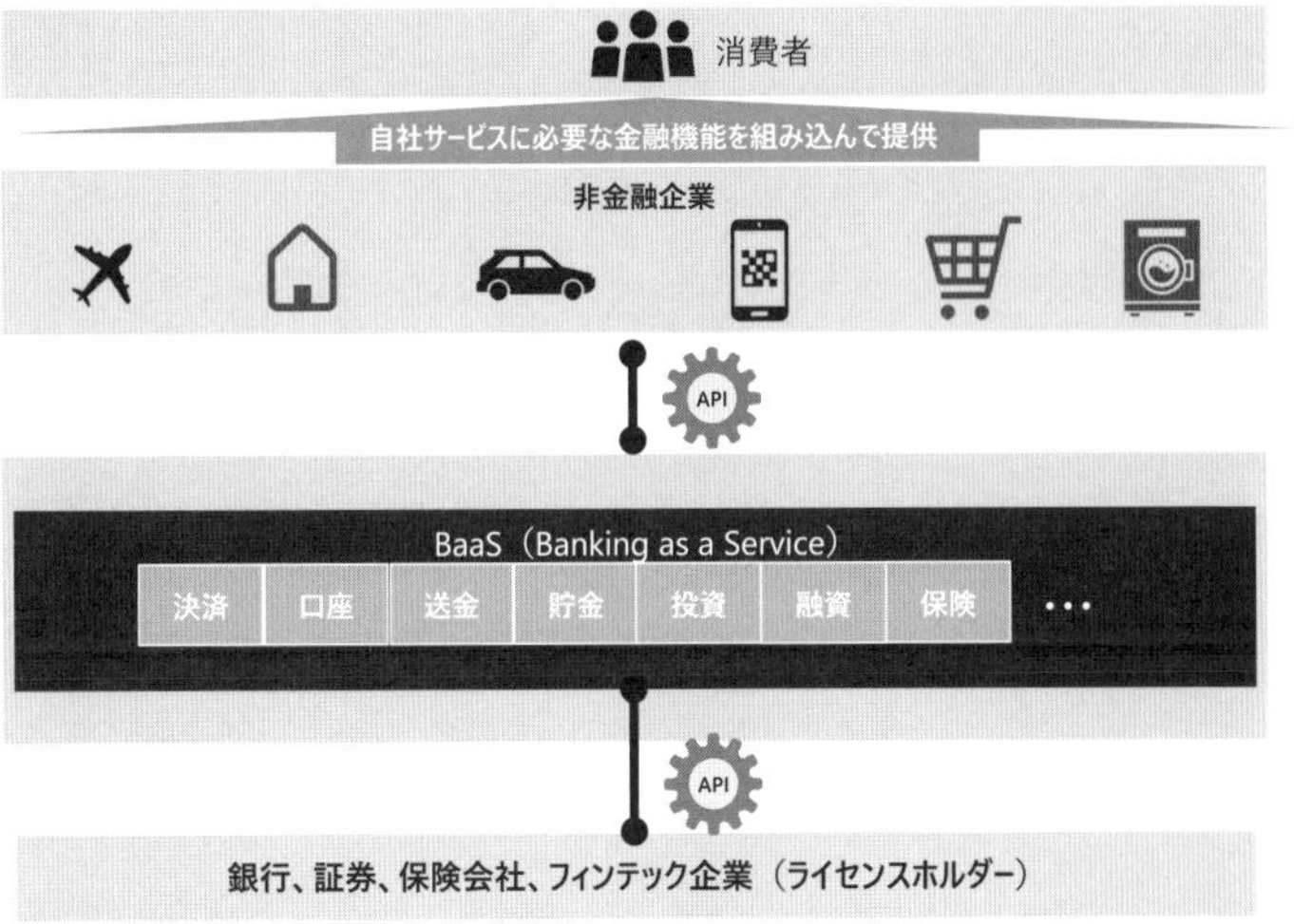

（出所）野村総合研究所

ービスを、ＡＰＩを介して機能単位でサービスとして事業者に提供する仕組みを指す（**図表1－2**）。

　ＢａａＳはソフトウェア会社にとってのクラウドサービスのようなものである。クラウドの登場以前、ソフトウェア会社を設立するには、数億もの資金が必要だった。しかし、今ではＡＷＳ（アマゾン・ウェブ・サービス）やグーグル・クラウド、マイクロソフトのアジュール（Azure）等のおかげで、ノートＰＣとクレジットカードがあれば、容易にソフトウェア会社を起業できる。

　同じように金融サービスを提供したい非金融企業はＢａａＳを利用することで、

金融サービスの提供に必要なライセンスを取得することなく、さまざまな機能やサービスをカスタマイズして自社のサービスに統合できるようになる。つまり、ＢａａＳの利用によって金融機能の提供はフィンテック企業や従来の金融企業に任せ、自らはフロントのサービスやＵＸ（ユーザーエクスペリエンス）の充実に専念できるようになる。

エンベデッド・ファイナンスに参入している海外の非金融企業としては、アップルやアマゾン、グーグルなどの巨大ＩＴ企業、テスラやフォードなどの自動車メーカー、ウォルマートなどの小売企業が代表的だ。国内では、ヤフー（現Ｚホールディングス）、ＬＩＮＥ、メルカリ、ＫＤＤＩなどの動きが目立つ。

２つ目は非金融企業に対して、ＢａａＳなどによって金融機能を提供するイネーブラー（Enabler）である。海外では、マルケタ（Marqeta）、ガリレオ（Galileo）、シナプス（Synapse）、フィニクス（Finix）、ソラリスバンク（Solarisbank）、ストライプ（Stripe）などのフィンテック企業がこの役割を担っている。国内でもフィナテキスト（Finatext）、スマートプラス、インフキュリオンなどのフィンテック企業が続々とＢａａＳの提供を開始している。

３つ目は、金融サービス関連の免許を保有する銀行や証券、保険会社などのライセンスホルダーである。金融商品取引業や資金移動業、銀行免許など金融サービスの提供に必要な免許を取得するには、関係当局が定める厳格な審査基準（多額の資本準備金、マネーロンダリング対策、守秘義務、預金保護など）をクリアしなければならず、非金融企業にとっては敷居が高い。

免許取得の難易度は国によって差があり、米国は日本よりも難しいとされている。たとえば、米国のネオバンクの１つであるバローバンク（Varo Bank）の場合、２０１５年の創業すぐに銀行免許の取得申請を出したにもかかわらず、実際に免許を取得できたのは５年後の２０２０年７月であった。米国の一般消費者向けフィンテック企業で銀行免許を取得したのは、このバローバンクが最初である。

そこで、免許を保有する金融機関がサービスとして非金融企業に免許を貸し出す。そうすれば、非金融企業は法規制を遵守した上で消費者に金融サービスを提供できる。免許だけでなく融資の際の審査や与信など、金融サービスの提供に必要な機能も合わせて提供することが多い。海外では、グリーンドットバンク（Green Dot Bank）、ＢＢＶＡ、クロスリバーバンク（Cross River Bank）、ゴールドマン・サックスなどが、国内では、住信ＳＢＩネット銀行、新生銀行、ＧＭＯあおぞらネット銀行、みんなの銀行などが参入している。

非金融企業による金融サービスの提供、特に小売業×金融というと、国内ではセブン銀行やイオン銀行、あるいはローソン銀行などをイメージするかもしれない。しかし、これらの銀行は自ら銀行免許を取得して参入しており、ここでの議論の枠組みからは外れる。ただし、将来的にこれらの小売業発の銀行がライセンスホルダーとして、小売業以外の非金融企業のエンベデッド・ファイナンスをサポートすることはあり得る。

金融サービスの提供を企てるすべての企業がこれらの大手小売業者のように銀行免許や他の関連するライセンスを取得することは現実的ではない。エンベデッド・ファイナンスにおける非金融企業はイネーブラーやライセンスホルダーと協業して、面倒な規制や技術的な障壁をすばやく取り除くことで、迅速に金融サービスを提供できるようになる。

イネーブラーとライセンスホルダーとの境界はあいまい

ただし、実際には2つ目のイネーブラーと3つ目のライセンスホルダーとの境界はあいまいである。オープンAPIの浸透とともに、免許を保有する一部の金融機関がBaaS

の提供を始めているからだ。

海外ではゴールドマン・サックスがリテールバンクへの参入を機に、ＢａａＳへの取り組みを加速している（詳細は第2章）。国内でも住信ＳＢＩネット銀行やＧＭＯあおぞらネット銀行などのネット銀行のほか、ふくおかフィナンシャルグループの子会社で国内初の「デジタルバンク」を標榜するみんなの銀行などがＢａａＳに積極的に取り組んでいる（詳細は第4章）。

米国に比べれば、日本は相対的に金融関連の免許の取得が容易であることから、フィンテック企業が免許を取得し、イネーブラーを兼ねるケースも出てきている。このため、日本では現状、ライセンスホルダー、あるいはフィンテック企業がイネーブラーとなるケースがほとんどである。その点ではゴールドマン・サックスなどの例はあるものの、米国の方がイネーブラーとライセンスホルダーとの役割分担は明確になっている。

また、イネーブラーは必ずしも1社でＡＰＩの構築と金融機能の提供の両方を担うわけでなく、市場はより細分化されている（**図表1－3**）。たとえば、２０２０年1月にクレジットカードのＶｉｓａが買収を発表（注1）したプレイド（Plaid）は、フィンテック企業と銀行間をつなぐＡＰＩの提供に専念しており、コインベース（Coinbase）、ロビン

図表1-3　エンベデッド・ファイナンスの主要プレイヤの役割分担の例

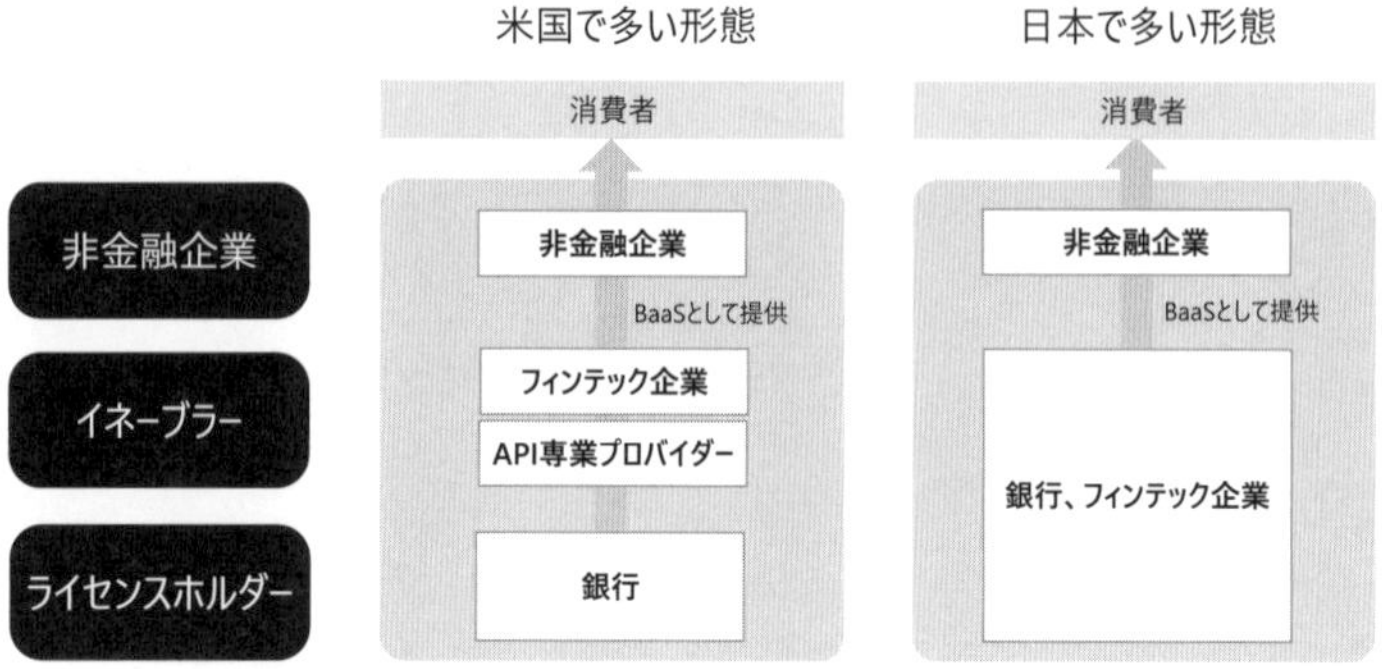

（出所）野村総合研究所

フッド（Robinhood）、ワイズ（Wise、旧トランスファーワイズ（TransferWise））などのフィンテック企業が利用している。

従来、ＡＰＩの構築を担うイネーブラー企業は比較的小規模なフィンテック企業が多かったが、エンベデッド・ファイナンス市場の拡大に伴い、最近ではフィンテック企業のビッグネームも参入を開始している。象徴的なのはストライプである。同社はＥＣサイトやモバイルアプリに決済処理機能を容易に組み込めるＡＰＩを提供しており、この分野では非常に高いシェアを持つ。そのストライプが提供するＢａａＳが、銀行機能をＡＰＩ提供する「Stripe Treasury」である（**図表1－4**）。

銀行の機能を提供するといっても、ストライプが銀行業務を担うのではなく、あくまで銀行業務を呼

図表1-4　ストライプのBaaS「Stripe Treasury」のイメージ

ゴールドマン・サックスやシティバンクなどの銀行と提携して、銀行機能をAPI提供

(出所) https://stripe.com/treasury を元に、野村総合研究所作成

び出せるＡＰＩを提供する。このため、ストライプは米国内ではゴールドマン・サックスやエボルブ・バンク＆トラスト（Evolve Bank & Trust）と、海外ではシティバンクやバークレイズ（Barclays）といった銀行と提携してこのサービスを展開する。

これを使えば小売業者がオンラインショップを開設する場合、わざわざ銀行を訪れて新たな銀行口座を開く手間が省けるようになり、提携銀行によって有効化される口座をわずか数分で開設できる。また、米国の送金ネットワークの１つであるＡＣＨ（Automated Clearing House）を使用した送金や電信送金なども可能となる。

ストライプは２０１８年から物理および仮想カードの作成、配布、管理のためのエンドツーエンドのプラットフォーム「Stripe Issuing」も提供している。これと組み合わせれば、カードを発行して、それを銀行口座に接続できるようになる。

自社にエンジニアを数多く抱え、内製化を基本とする米国企業に比べて、日本の非金融企業の技術レベルはそれほど高くない。そのため、日本ではイネーブラーが非金融企業のサービスに金融機能を組み込み、フロントのＵＩ（ユーザーインターフェース）・ＵＸの開発なども含めてサポートしなければならないケースが多い。また、金融機関でもＢａａＳ基盤の構築にまで手が回らない地銀などは、フィンテック企業やＳＩｅｒ（システムインテグレーター）の手を借りてエンベデッド・ファイナンスに参入することが予想される。

（注1）その後、独占禁止法に抵触し、買収を断念

「金融サービス仲介業」の創設が後押し

２０２０年6月5日に「金融サービスの利用者の利便の向上及び保護を図るための金融商品の販売等に関する法律等の一部を改正する法律」が成立し、同月12日に公布された。施行日は「公布の日から起算して1年6か月を超えない範囲内において政令で定める日」とされ、２０２１年11月1日から施行されている。

エンベデッド・ファイナンスに関係するのは、「金融商品の販売等に関する法律」の名称が「金融サービスの提供に関する法律」に改められ、新しく「金融サービス仲介業」が創設された点である。金融サービス仲介業では、複数業種かつ多数の金融機関が提供する多種多様な商品・サービスをワンストップで提供できるようになる。

従来の制度では次のようになっていた。

①銀行法における銀行代理業者、金融商品取引法における金融商品仲介業者、保険業法における保険募集人や保険仲立人といった業種ごとの規制が存在し、仲介しようとする分野に応じて複数の登録等が求められる

②特定の金融機関に所属することが求められ、多数の金融機関が提供する商品・サービスを仲介しようとする場合、所属金融機関それぞれから行われる指導に対応する必要がある

このように、複数業種にまたがった仲介や多数の金融機関を相手方とする仲介を必ずしも念頭に置いていない面があり、事業者にとって負担が大きいとの指摘があった。これを受け、新たに創設した「金融サービス仲介業」では、

①業態ごとの縦割りだった既存の仲介業と異なり、１つの登録で銀行・証券・保険すべ

ての分野のサービスを仲介可能とするなど、ワンストップ提供に最適化

②さまざまなサービスを取り扱えるよう、金融サービス仲介業には、特定の金融機関への所属を求めないことにし、代わりに取り扱い可能なサービスの制限や利用者財産（サービス購入代金など）の受け入れ禁止、保証金の供託義務により利用者保護を図ること

などが定められた。

これにより、事業者は「金融サービス仲介業」にだけ登録すれば、銀行、証券、保険の仲介ができるようになり、スマートフォンのアプリなどを使って、それらのサービスを横断的に仲介する金融ワンストップサービスを提供できるようになる（**図表1－5**）。

具体的には、いわゆる家計簿アプリを通じて把握した消費者の資金ニーズや資産状況を元に利用可能な融資を紹介したり、個人のライフプランに応じ、最適な金融商品・サービスの比較・推奨等を行ったりするサービスが想定されている。

また、フィンテック企業ではない非金融企業、たとえば、不動産会社が物件と一緒に住宅ローンや地震保険、火災保険を提供することも可能になる。従来は購入する物件が決まったら、不動産会社に購入申し込みをして金融機関で住宅ローンの事前審査を受ける。そ

図表1-5　金融サービス仲介業のイメージ

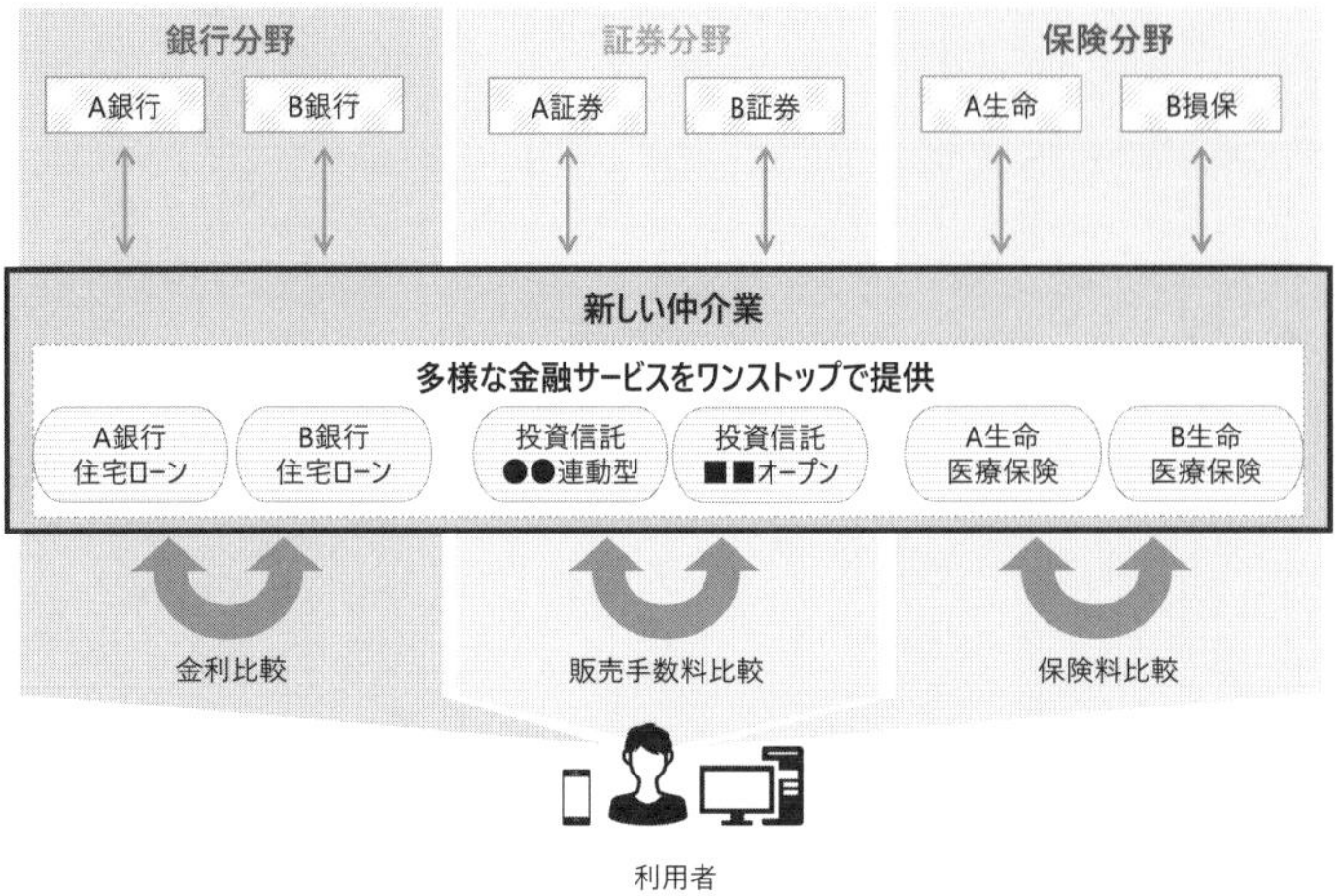

（出所）「第8回決済高度化官民推進会議」事務局説明資料より、野村総合研究所が作成

して、事前審査が通ったら不動産の売買契約を結び、手付金を支払い、その後に住宅ローンの本申し込みをして本審査へと進む。本審査を通過すれば、住宅ローンの契約（金銭消費貸借契約）を結び、融資が実行され、残金決済（購入価格から手付金を差し引いた残りの金額を支払うこと）が行われるというように、不動産会社と金融機関を行ったり来たりする必要があった。

　しかし、不動産会社が金融サービス仲介業に登録すれば、不動産会社が物件の契約タイミングと歩調を合わせて住宅ローンを提供できるようになるため、消費者は銀行に出向く手間がなくなり、時間も節約できる。不動産会社にとっては、消費者が購入するか否か決断しかねている際に、タイムリーに最適な住宅ローンを提案できれば、それが決め手となって契約が成立する可能性が高くなる。地震保険や火災保険についても同様である。

このように、金融サービス仲介業によるエンベデッド・ファイナンスが実現すれば、消費者にとっても不動産会社にとってもメリットが大きい。金融サービス仲介業の創設は、エンベデッド・ファイナンスを推進する大きなドライバーとなるだろう。

エンベデッド・ファイナンスはフィンテックの第3波

非金融企業が既存サービスに金融サービスを組み込んで金融サービスを提供するエンベデッド・ファイナンスは、2015年頃から勃興したフィンテックの潮流では第3波に位置づけられる。

最初の波はその名の通り、フィンテック企業の登場とそれによる金融機能のアンバンドル化である。マーケットプレイス・レンディングやロボアドバイザー、決済、送金、ネオバンクなど、特定分野にフォーカスしたフィンテックのスタートアップ企業が生まれ、そ

図表1-6　オープンAPI連携によるサービス事例

サービスの分類	概　要
PFM（Personal Financial Management）	消費者が利用している銀行・クレジットカード・証券会社等の金融資産を自動でまとめる個人向けの資産管理サービス
クラウド会計	個人事業主や中小企業向けに、口座残高や入出金明細などのインターネットバンキングの情報を自動で取り込むクラウド型の会計サービス
アルゴリズム貯金	１日の歩数や買い物のおつりなど、あらかじめ設定したアルゴリズムにより貯金金額を決定し、消費者の口座に自動貯金を行うサービス
QRコード決済	スマートフォンアプリに表示されたQRコードを読み取って決済するサービスで支払い金額は銀行口座から直接引き落とし可能

（出所）野村総合研究所

れぞれの分野で強みを発揮することでフィンテック市場の成長を牽引してきた。これによって、従来の金融機関が長らく一体化したサービスとして提供してきた金融サービスは、フィンテック企業によって部分的に侵食され、機能ごとに分化したモジュール形のサービスとして提供する「アンバンドリング」化が進んだ。

第2の波は、先に説明した改正銀行法を契機としたオープンAPIによる銀行とフィンテック企業との協業の実現である。これによって、フィンテック企業は口座管理サービスと電子送金サービスを安全に実現できるようになり、新たなサービスが続々と生まれた（**図表1－6**）。たとえば、顧客が利用している銀行・クレジットカード・証券会社等の金融資産を自動でまとめる「PFM（Personal Financial Management）」、個人事業主や中小企業向けに口座残高や入出金明細などのインターネットバンキングの情報を自動で取り込む「クラウド会計」、買い物時のおつりや1日の歩数など、あらかじめ設定した一定のアルゴリズムによって貯金金額を決定し、利用者の口座に自動貯金を行う「アルゴリズム貯金」、支払い金額を銀行口座から直接引き落とし可能な「ＱＲコード決済」などである。

また、銀行法の改正を踏まえて、金融庁の管轄ではないクレジットカード業界に対しては、管轄する経済産業省がカード会社とフィンテック企業のＡＰＩ連携に対して、「新しい技術やサービスに迅速に対応できるよう、ガイドラインで対応することが望ましい」とし、２０１８年4月に「クレジットカードデータ利用に係るＡＰＩガイドライン」を公開している。このように銀行ＡＰＩだけでなく、金融にまつわる幅広いＡＰＩが開放されることによって、エンベデッド・ファイナンス実現に向けた土壌が整ってきた。

そして第3の波が今回のエンベデッド・ファイナンスである。新型コロナウイルスの感染拡大で顧客との直接的な接点を失った金融機関と新たな収益源を求める非金融企業の思惑が一致したのである。たとえば、巣ごもり需要で売上好調なＥＣサイトを運営する企業は、顧客の購買履歴データを蓄積しており、支払い能力を高精度に査定できる。ここに後払い決済サービスの出番がある。

ただし、コロナ禍はエンベデッド・ファイナンスを促進する要因の1つに過ぎない。オープンＡＰＩによって実現した銀行とフィンテック企業との協業によって、ＰＦＭやアルゴリズム貯金、あるいはロボアドバイザーなどの新たな金融サービスが生まれたものの、肝心の顧客ニーズを作り出すところまではできていない。

米国と日本では第3の波に至る背景はやや異なるものの、顧客ニーズを作り出せていないという点では一致している。米国でもフィンテック企業の台頭や、グーグル、アマゾンなどの巨大ＩＴ企業の金融サービスへの参入に危機感を募らせた伝統的な金融機関が、２０１７年頃から若者向けにスマホアプリなどを提供する動きが相次いだ。

しかし、こうした取り組みが功を奏したかといえば、必ずしもそうではない。早々と見切りを付け、サービス提供を停止した金融機関もある。たとえば、ＪＰモルガン・チェースは、ミレニアル世代向けの別ブランドとして展開していたモバイル専業銀行「フィン(Finn)」を２０１８年6月の開始からわずか1年で閉鎖することを発表した。また、ウエルズ・ファーゴも同じくミレニアル世代向けのスマホアプリ「グリーンハウス(Greenhouse)」の新規ユーザーの申し込みを２０２０年7月に停止することを発表した。こちらは２０１７年11月の開始から3年弱で終了ということになった。

どちらもミレニアル世代にターゲットを絞ったアプリの提供を通じ、若年層の金融行動を理解することが主目的であったが、当初の想定通りには利用が広まらず、サービス停止に追い込まれている。金融機関単独では若年層のニーズを掴むことが難しいことを示しているともいえるだろう。

金融機関としては消費者のニーズが生まれるその瞬間を逃さず、タイムリーに金融サービスを提案することで、差別化が難しいといわれる金融サービスに色を付けたり、消費者に選んでもらえるようになったりする確率が上がる。そのためには、消費者の行動やライフイベントに強い接点を持つ企業とタッグを組むことが近道である。非金融企業としては、顧客が自社のサービスを利用する中で決済や融資のような金融サービスが必要になった際に、シームレスに必要な金融サービスを提案することができれば、顧客の離脱を防ぎ、コンバージョンレート（成約割合）の向上が期待できる。

ここにきて、エンベデッド・ファイナンスが盛り上がっているのは決して偶然ではなく、必然といえるだろう。

第2章

欧米のエンベデッド・ファイナンス

図表2-1　エンベデッド・ファイナンスの主要5領域

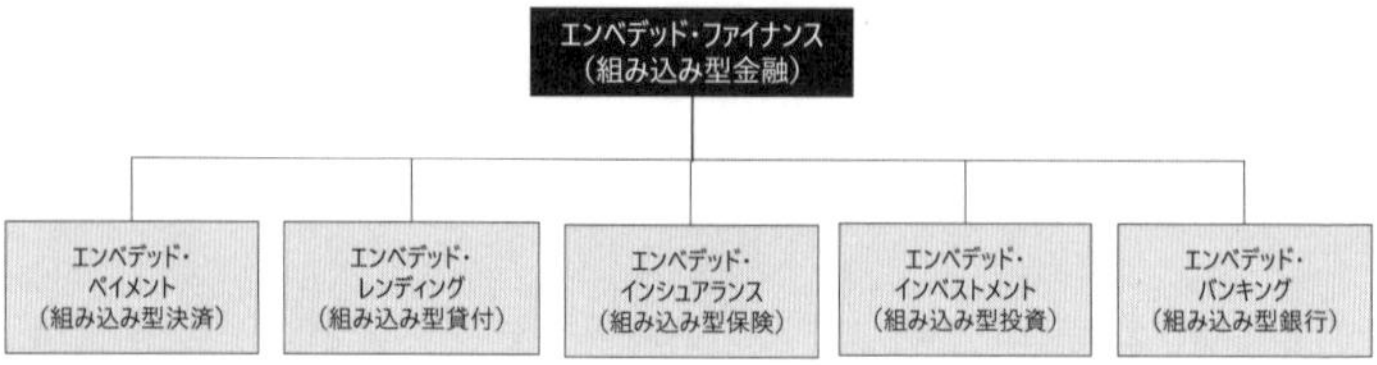

（出所）野村総合研究所

エンベデッド・ファイナンスの5領域

フィンテックが勃興した時と同様に、エンベデッド・ファイナンスも欧米を中心とした海外で取り組みが進んでいる。本章では、エンベデッド・ファイナンスの主要な5領域を典型的な事例とともに解説すると同時に、各領域における興味深いサービスについて紹介する。

エンベデッド・ファイナンスは大きく分けて、エンベデッド・ペイメント（決済）、エンベデッド・レンディング（貸付）、エンベデッド・インシュアランス（保険）、エンベデッド・インベストメント（投資）、エンベデッド・バンキング（銀行）という5つの領域がある（**図表2－1**）。

現状では決済が最も先行しており、逆に投資が立ち遅れている。以下、領域ごとに具体的なサービスイメージと先行企業が実装しているサービス事例について紹介していく。

エンベデッド・ペイメント（組み込み型決済）

現時点で最も市場規模が大きく、なおかつ、今後も拡大していくと予想されているのがエンベデッド・ペイメント（組み込み型決済）である。組み込み型決済は、現金やクレジットカードで支払いをするのではなく、ウェブサイトやスマホアプリに支払いプログラムが組み込まれ、消費者がストレスなく支払い処理ができるものを指す。

組み込み型決済が重要なのは、CX（カスタマー・エクスペリエンス、顧客体験）に大きな影響を及ぼすからである。端的な例はECサイトである。買い物をするたびに毎回毎回、氏名や住所、クレジットカード番号などの個人情報の入力が必要だったり、画面遷移の回数が多く、なかなか決済の完了画面にたどり着けなかったりすると「カゴ落ち」率が増加する。カゴ落ちとは、ECサイトで消費者が商品をカートに追加したものの、決済を完了する前に離脱してしまうことを指す。この場合、決済完了までの手間を減らすことがカゴ落ちの防止につながり、結果としてCXは向上する。

このことにいち早く気づいたアマゾンは、ユーザー自身があらかじめ支払い情報を入力しておくことによって1回のクリックで商品のオンライン購入を可能にする「ワンクリック購入」など、革新的な決済手段を次々と開発している。１９９７年に特許出願したワンクリック購入によって、Amazon.com の売上は５％もアップしたという。

ＥＣサイトに限らず、料金の支払いが発生するあらゆるシーンで決済に伴うフリクションを減らすことはＣＸの向上に欠かせない。たとえば、大手コーヒーチェーンのスターバックスがコロナ禍で積極的に推進している「モバイルオーダー＆ペイ」サービスでは、その名の通り、スマホアプリで商品の注文と支払いが完結し、レジに並ぶ必要がない。アプリから「商品を受け取る店」と「利用方法（持ち帰りｏｒ店内飲食）」「商品」を選択してアプリ内で支払いを済ませておけば、あとは注文時に選択した店に行き、モバイルオーダー専用の受け取りカウンターで商品を受け取るだけである。決済自体は、事前にアプリに登録した「スターバックス カード」と呼ばれるプリペイドカードで行われる。

この例のように、組み込み型決済では、アプリ上のボタンを数回タップするだけで簡単に支払いができるものが多いが、中には消費者が支払い行為をほとんど意識する必要のないものもある。好例は、ウーバー（Uber）やリフト（Lyft）などのライドシェアリングアプリである。これらのアプリでは、消費者は乗車後に現金やクレジットカードを財布から出して支払いをする必要がない。支払いは事前にスマホアプリに登録したクレジットカードから自動で行われるため、そのまま降車すればよい。レシートは降車後すぐに登録済みのメールアドレス宛てに送られてくる。

支払いを意識することがない点では、アマゾンが展開するレジなし店舗「アマゾン・ゴー（Amazon Go）」も同様である。２０１８年1月にシアトル市内に1号店がオープンしてから、本稿執筆時点までシアトルのほか、サンフランシスコ、ニューヨーク、シカゴに合計で26店舗を展開している。決済はアマゾン・ゴー専用のスマホアプリに事前に登録したクレジットカードで行われるため、買い物の終了時にはレジで支払うことなく、そのまま店を出ればよい（そもそもレジなし店舗なので、レジ自体が存在しない）。買い物終了後に登録してあるメールアドレスにレシートが送られてくる点はウーバーと同様である。

消費者が決済行為を意識することのない「見えない決済」は、他業界にも広がりつつある。たとえば、英国の大手金融機関バークレイズのカード部門であるバークレイカード（Barclaycard）は同様のコンセプトをレストランに適用している。「Dine & Dash」と呼ぶこの仕組みでは、食事を終えた客は店内で支払いをすることなく席を離れられるようになっている。料金はウーバーやアマゾン・ゴーと同様にアプリに事前登録済みのクレジットカードから自動的に支払われ、チップの追加、割引コードの適用も可能である。

ここでの重要なポイントは、消費者の購買行動の動線に決済プロセスが自然に埋め込まれることによって、消費者は決済行為を意識する必要がなくなり、利便性が格段に向上する点である。コーヒーショップでもスーパーでもレストランでも、主目的は飲食や買い物であって支払いではない。しかし、購買行動には料金の支払いが必ずついて回る。多くの消費者にとってレジ待ちは短いに越したことはなく、できればゼロが望ましい。ウーバーやアマゾンなどは、これまでボトルネックとなっていたレジでの支払いをなくすことによって、斬新な購買体験を提供し、顧客ロイヤリティを高めることに成功している。

同時に、決済を自社のアプリ内で完結させることによって消費者のデータを収集できる点も見逃せない。自社のサービスを利用した日付や購入した商品名などのデータを収集・分析することによって、ロイヤリティプログラムを展開したり、パーソナライズしたサービスを提供したりできるようになる。

インスタグラム内でショッピングが完結する「チェックアウト機能」

消費者の「買いたい」気持ちを逃さず、スムーズに決済まで完了させるという点では、アプリ内に組み込まれた決済も有力な組み込み型決済である。

　たとえば、写真や動画の投稿に特化したＳＮＳ（ソーシャル・ネットワーキング・サービス）であるインスタグラムは、近年ＥＣ機能の強化に力を入れており、２０１７年には投稿された写真にＥＣサイトへのリンクを直接貼ることができるショッピング機能「ショップナウ（Shop Now）」を開始している。日本では２０１８年6月に「ショッピング機能」としてリリースされ、タイムラインで投稿された写真に「買い物カゴ」のアイコンがあれば、それが購入可能の目印となっている。ユーザーはそのアイコンが付いた画像をタップした後に現れる商品名と価格等を確認し、「購入する」ボタンをタップすると、外部のＥＣサイト（インスタの写真を投稿した事業者のサイト）に移動し、商品を購入できるという仕組みだ。

　この機能が実装される前、ユーザーはインスタグラム内で欲しい商品を見つけた場合、一度インスタグラムの操作から離れて、その商品をインターネットで検索し直したり、実店舗に足を運んだりすることでようやく手に入れていた。つまり、インスタグラムはあくまで「認知」のツールであり、認知から実際の「購入」に至るまでには、「検索」や「来店」という行動が必要になり、これがユーザーにとってはフリクションとなり、結果的に

図表2-2　Instagramの「チェックアウト機能」

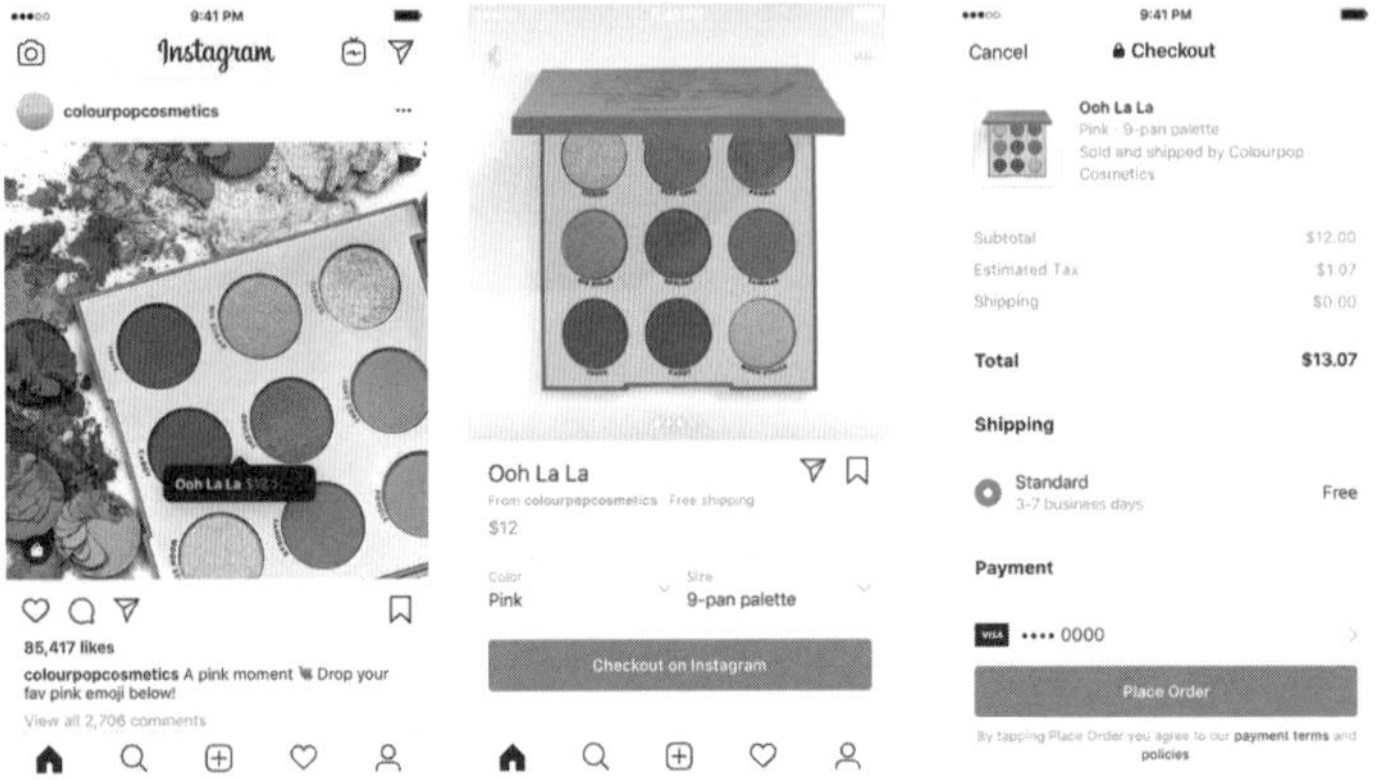

（出所）https://business.instagram.com/blog/new-to-instagram-shopping-checkout?locale

カゴ落ちになることもあったと推察される。このため、外部のＥＣサイトに移動する必要があるとはいえ、以前から比べれば格段の進化であった。

２０１９年３月には、このショッピング機能をさらに進化させ、インスタグラムのアプリ内で決済まで完了できる「チェックアウト機能」を発表している（本稿執筆時点ではまだ日本では実装されていない）。ユーザーはショッピング機能と同じように商品の詳細情報を表示させ、サイズや色などのオプションを選択、ページ下の「Checkout on Instagram」というボタンをタップする。そして、インスタグラム内に表示される決済ページから名前や住所などを入力し、「Place Order」をタップすれば購入が完了する

図表2-3　主要SNSの商品購入への影響

「SNSの広告や投稿を見て初めて知り、その場でSNSからECサイトの購入画面を開いて商品購入をしたことがありますか？」

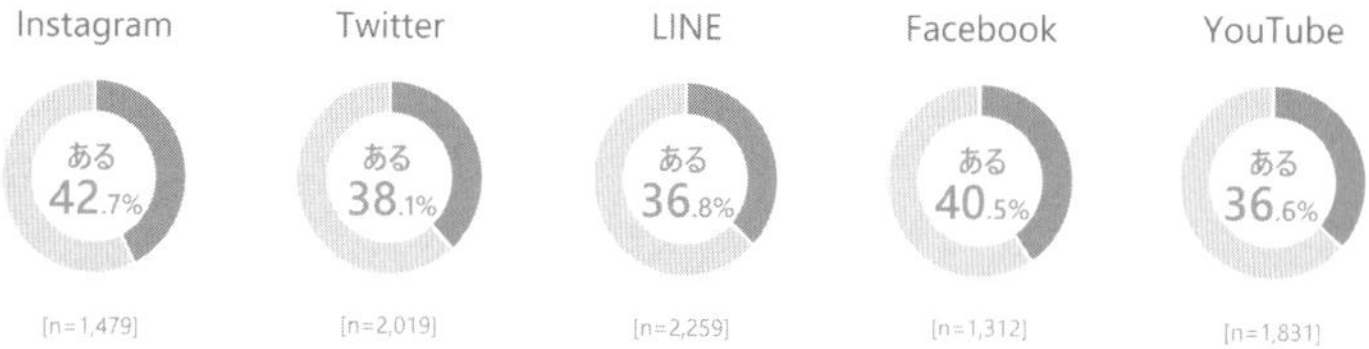

（出所）アライドアーキテクツ株式会社調べ「SNS利用に関する調査」（2020年8月26日～9月2日）

（**図表2－2**）。

従来のショッピング機能では各ブランドのサイトへ遷移してから購入・決済を行う必要があったが、チェックアウト機能では購入および決済までをインスタグラム内でできるようになる。ユーザーにとっては「認知」から「購入」がこれまで以上にスムーズになり、ブランドにとってはコンバージョンレートの向上が期待できる。

インスタグラムはもともとショッピングに関心の高い人が集まるSNSである。実際、アライドアーキテクツ株式会社が2020年8～9月にかけて実施した調査結果によると、「SNSの広告や投稿を見て初めて知り、その場でSNSからECサイトの購入画面を開いて商品購入をしたことがありますか?」という問いに対し、「ある」の割合はTwitterやLINEなどを押しのけてインスタグラムが最多であった（**図表2－3**）。インスタグラムのアプリ内で決済が完了できる組み込み型決済の実装により、この傾向にさらに拍車がかかるだろう。

グーグル・マップから駐車料金の支払いが可能に

グーグルは2021年2月17日、米国の一部の都市で同社の地図アプリ「グーグル・マップ」にストリートパーキング（注1）の利用料金の支払い機能を追加したことを発表した。このサービスは駐車場の検索&決済アプリを提供しているベンチャー企業のパスポート（Passport）とパークモバイル（ParkMobile）との連携によって実現したものである。

利用するためには、事前に決済アプリ「グーグルペイ」のアカウントを設定し、クレジットカードやデビットカードと紐付けておく必要がある。そうすると、グーグル・マップをナビゲーションシステムとして利用中に、目的のストリートパーキングの近くに来るとマップ上に「Pay for Parking」という駐車料金の支払いボタンが表示される。ドライバーはパーキングメーターのゾーン番号と駐車する車のナンバーなどの情報を入力し、駐車予定時間を入力すればグーグルペイで支払いを完了できるという仕組みである。駐車時間を延長する場合もアプリから手続きができるため、駐車場に戻る必要はない。

グーグルによれば、「新型コロナウイルスが猛威を振るう中、多くの人が手を触れるパーキングメーターを操作することなく、駐車場料金を支払えるようにすること」が目的とのことだが、グーグル・マップ内で道案内と駐車料金の支払いが完結するため、わざわざ別の決済アプリを開く必要がなくなり、消費者の利便性の向上にもつながる。

グーグル・マップから料金の支払いができるのは駐車料金だけではない。乗換案内から公共交通機関の運賃の支払いもできるようになっており、複数の交通機関のアプリを切り替えることなく、乗車料金の支払いができる。さらに、日本のＳｕｉｃａやＰＡＳＭＯ同様の交通系ＩＣカードであるクリッパー（Clipper）カードの購入もグーグル・マップからできるようになっている。カードを購入したユーザーはスマートフォンをリーダーにかざすか、デジタルチケットを見せれば駅の改札を通過できる。

この機能はアンドロイド版のグーグル・マップだけでなく、ｉＯＳ版でも提供されている。このため、グーグルは利用者の多いグーグル・マップに決済機能を組み込むことで、同社の地図アプリのさらなるシェア拡大とグーグル・ペイの普及という一挙両得を狙えることになる。

（注1）日本に多いカーパーキングではなく、道路の両脇に停めるパーキングメーターが付いている時間貸しの駐車場

エンベデッド・レンディング（組み込み型貸付）

エンベデッド・レンディング（組み込み型貸付）は決済機能と非常に相性がよいことから、セットで提供されることが多い。代表的なサービスは、「はじめに」で紹介した「後払い（決済）」であり、海外では「Buy Now, Pay Later（ＢＮＰＬ）」と呼ばれ、ＥＣサイトを中心に利用が急拡大している。スウェーデンのクラーナ（Klarna）、米国のアファーム（Affirm）、オーストラリアのアフターペイ（Afterpay）のほか、ペイパル（PayPal）による買収が発表された日本のペイディ（Paidy）やネットプロテクションズなどが代表的なプロバイダーである。

ＢＮＰＬはこうしたプロバイダー、あるいは提携する銀行がＥＣサイト内の小売店（加盟店）に立て替え払いをする一方、消費者は1カ月以内の一括払い、3～4回程度の分割

図表2-4　アファームのビジネスモデル

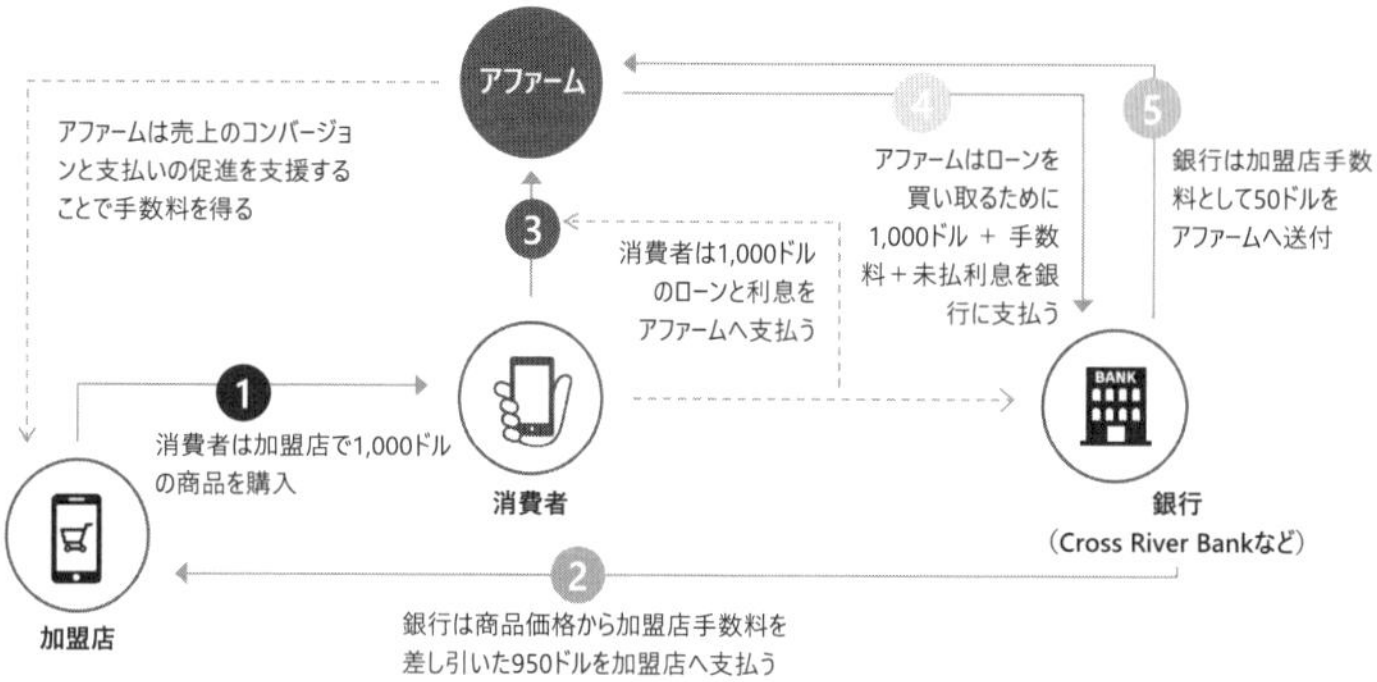

（出所）Affirm の Form S-1より、野村総合研究所作成

払い、あるいは3～12カ月の長期分割支払いなどで決済する仕組みである。ＢＮＰＬを利用した場合、消費者は代金を即座に支払う必要がなくなる。決済事業者のサイトでクレジットカード番号などを入力する必要もなく、欲しい商品がすぐ手に入る。

ＥＣでは消費者の好みに合った決済手段を提示できなければ、消費者は簡単に離脱してしまう。ＥＣサイトを運営したり、出店したりする小売企業は「後払い」という支払いオプションの提示によって消費者の離脱を防ぎ、購入を迷っている消費者の背中を押すことができるだけでなく、バスケットサイズの拡大（購入金額の拡大）も見込める。

米国のアファームのビジネスモデルを**図表２－４**に示す。たとえば、アファームのＢＮＰＬソリューションを導入している加盟店で消費者が１０００ドルの商品の購入を決定し、支払い方法として3回の後払いを選択した場合、アファームは独自のリスクモデルを使用してリアルタイムに審査し、引き受けの可否と利息をその場で決定する。審査に通り、提示された利息に納得すれば、消費者はその後3回に分けて商品の購入代金（1000ドル）と申し込み時に決められた利息を支払っていく。

この時、実際にローンを組成し、資金を提供するのはアファームと提携するクロスリバーバンク（Cross River Bank）などのライセンスを持つ銀行であり、アファームは銀行から組成されたローンを買い取る。買い取る際の購入価格はローンの元本残高に手数料と未払利息を加えたものとなる。加盟店は商品の代金1000ドルからBNPLの利用手数料50ドルを差し引いた950ドルを銀行から受け取り、アファームは銀行経由でこの手数料を受け取る。

このように、BNPLではフィンテック企業も銀行もトランザクションボリュームが増えれば増えるほど、収益が拡大するようになっている。加盟店はサービスの利用手数料を支払う必要があるが、後払いという支払いオプションの提示によって顧客が増え、購入金額が拡大すれば十分に元は取れるという算段である。また、売れ残った商品を大幅にディスカウントして販売するより、手数料を払ってでも値引きせずに商品を買ってもらった方がブランドイメージを毀損しなくて済む。

拡大するＢＮＰＬ

ＢＮＰＬはクレジットカードを持っていなかったり、クレジットカードの利用を躊躇したりする消費者層で人気を博している。導入する企業も小売のほか、航空会社などにも広がっている。

たとえば、米国のカリフォルニア州サニーベールに本社を置くスタートアップ、アップリフト（Uplift）は旅行資金にフォーカスしたＢＮＰＬソリューションを提供している。同社のソリューションを導入している航空会社のサイト（**図表２－５**）で予約する旅行プランを選び、旅行代金の支払い時に「アップリフト」を選択して、携帯電話番号などを含む個人情報を入力すると審査が行われる。審査は信用情報などに基づいて実施され、問題なければ数秒で完了する。支払いは金利なし、もしくは毎月固定金利の分割払いなどが適用される。なお、ローンの組成はＦＤＩＣ（連邦預金保険公社）加盟銀行でライセンスホルダーであるCBW Bankが実施している。

図表2-5　ユナイテッド航空ホームページのUplift紹介ページ

（出所）https://www.united.com/ual/ja/jp/fly/booking/flight/uplift.html

　同社はすでに、ユナイテッド航空、サウスウエスト航空、ルフトハンザドイツ航空、アラスカ航空などの航空会社、ＭＳＣクルーズ、ヴァージン・ボヤージュなどのクルーズライン、エア・カナダ バケーションズなどの旅行代理店と提携しており、各社のサイトを通じてサービスを提供している。高額になりがちな旅行代金を一括払いするとなると尻込みすることも多いが、「分割後払い」というオプションが提示されることによって、消費者の心理的な障壁は下がる。特に、旅行に対する意欲が最大限に高まっているサイト訪問時にオプションが提示されれば、その効果は絶大であろう。

授業料もＢＮＰＬに

ＢＮＰＬの波は商品の購入だけでなく、高額になりがちなさまざまな料金の支払いに及んでいる。たとえば、米国でデータサイエンティストやソフトウェアエンジニアになるためのオンライン教育を提供しているラムダ・スクール（Lambda School）では、受講料の支払いについて、前払いのほか、「所得分配契約（ＩＳＡ：Income Share Agreement）」という後払いのオプションを用意している。

同スクールでは、６カ月間のデータサイエンスコースやウェブ開発コースを3万ドルで提供しており、申し込み時に受講料を前払いにするか、所得分配契約を結んで後払いにするかを選択できる。後払いを選択した受講者は年収5万ドル（月額４１６６ドル）以上の職に就いてから収入に比例した受講料を支払えばよい。逆にいえば、５万ドルを稼がない限り、受講料は永遠に支払う必要はない。いわゆる「出世払い」である。

年収5万ドル以上の職に就いた後は毎月の給料の17％を24カ月間支払うことになるが、

図表2-6　ラムダ・スクールで所得分配契約を選択した場合の受講料の支払い例

年収	対応する月収	毎月の支払い額	総支払い額
50,000ドル以下	なし	0ドル	0ドル
50,000ドル	4,166.67ドル	708.33ドル	17,000ドル
60,000ドル	5,000.00ドル	850.00ドル	20,400ドル
70,000ドル	5,833.33ドル	991.67ドル	23,800ドル
80,000ドル	6,666.67ドル	1,133.33ドル	27,200ドル
90,000ドル	7,500.00ドル	1,275.00ドル	30,000ドル
100,000ドル	8,333.33ドル	1,416.67ドル	30,000ドル

（出所）https://lambdaschool.com/faq より、野村総合研究所作成

いくら稼ごうがトータルで３万ドルの受講料以上を支払う必要はない。また、24カ月間支払えば、合計の支払い額が３万ドルに達しなくても構わない。たとえば、年収が６万ドルの場合、毎月の給与は５０００ドル、毎月の支払い額は17％の８５０ドル、24カ月間支払い続けると総支払い額は２万４００ドルで３万ドルには満たないが、支払いはこれで完了する（**図表２－６**）。

日本の奨学金と似たような仕組みに思えるが、第三者に申し込むのではなく、同スクールのウェブサイトから直接申し込むことができる点に組み込み型貸付ならではの特徴がある。また、後払いにしても利息が発生することもなく、必ずしも受講料を全額返済する必要がない点もユニークである。

ラムダ・スクールではこのビジネスモデルを実現するために、投資家に所得分配契約を販売するオンラインマーケットプレイス「Ｅｄｌｙ」と提携している。

なお、後払い決済サービスは、日本の法律では「信用購入あっせん業」と整理され、割賦販売法によって規制されている。信用購入あっせん業を営むには免許は不要であるが、登録制となっているため、経済産業省に備える個別信用購入あっせん業者登録簿に登録を受ける必要がある。このため、後払い決済サービスをＢａａＳとして提供するフィンテック企業はライセンスホルダーを兼ねる（免許ではないが）ことになる。小売企業はこうしたフィンテック企業と提携すれば、信用購入あっせん業者として登録を受けることなく、消費者に後払いサービスを提供できるようになる。

中小企業向け融資

組み込み型貸付の対象は一般消費者だけではない。企業向け、特に銀行から融資を断られることの多い中小企業向けの融資が活況である。たとえば、世界最大級のオンラインマーケットプレイスを運営しているイーベイ（eBay）は、英国において２０２１年５月から「Capital for eBay Business Sellers（ＣＥＢＳ）」と呼ばれる、同社のプラットフォームに出店している中小企業向けの融資サービスを開始している。

このサービスは組み込み金融プラットフォームを提供しているフィンテック企業、ユーレンド（YouLend）との提携によって実現している。イーベイに3カ月以上出店し、毎月の売上金額が５００ポンド（約６５０ドル）を超えていれば申請資格が得られ、５００ポンドから最大１００万ポンド（約１３０万ドル）までの融資を利用できる。融資の限度額はイーベイとの取引期間の長さと毎月の売上金額によって決定され、取引期間が長ければ長いほど、毎月の売上が多ければ多いほど、融資可能な金額は多くなる。

返済は毎日の売上の一定の割合（５～20％）が自動的に充てられる。たとえば、返済額が１日の売上の20％と決まっていて、ある日の売上が１０００ポンドだった場合、２００ポンドが返済に充てられ、残りの８００ポンドが借り手である出店企業に支払われる。売上がなかった日の返済金額はゼロで済む。つまり、金利が常に変動する従来のビジネスローンとは異なり、追加の手数料を支払うことなく、返済額はキャッシュフローに合わせて調整されることになる。

日本と同様、英国においても新型コロナウイルスの感染拡大によって中小企業の資金繰りは苦しい。同社の調べによると、中小企業の5分の2が銀行から融資を断られ、3分の1が政府による資金の貸し出しを拒否されたということだ。このサービスはこうした中小企業に救いの手を差し伸べるもので、融資の申請プロセスは通常、5～10分程度で完了し、数日以内に資金を受け取れるという。

従来の銀行からの融資の場合、このスピード感での融資の申し込み、審査、資金の受け取りは難しい。出店企業の売上実績、在庫状況、利用者からの評判などを把握しているイーベイが、直接融資サービスをオファーするからこそ実現するスピード感といえるだろう。ＢｔｏＢ向けの組み込み型貸付の典型例である。

エンベデッド・インシュアランス（組み込み型保険）

エンベデッド・インシュアランス（組み込み型保険）は、消費者の行動の動線上に保険の加入プロセスが埋め込まれてオファーされる保険である。これまでのように保険会社や保険代理店経由で保険に加入するのではなく、航空券や電子機器を販売しているウェブサイトや、自動車メーカーなどと直接契約を結ぶ点で従来の保険との違いがある。

たとえば、２０１２年に設立されたドイツのインシュアテック企業であるシンプルシュランス（simplesurance）は、ＥＣサイトを対象にモバイル端末の補償保険を中心とした組み込み型保険のプラットフォームを展開している。スマートフォンやタブレット端末を購入しようとしている消費者に対して、端末の落下による画面の損傷や飲み物をこぼして不具合が発生した際の補償も商品のチェックアウト画面で一緒にオファーするといった具合である。同社は海外進出にも積極的で、東京海上ホールディングスと業務提携し、すでに日本進出を果たしている。

２０１９年10月からＡＮＡ（全日本空輸）がウェブサイトで販売を開始しているキャンセル保険「そらもよう」は、シンプルシュランスの技術を元にＡＮＡと東京海上日動火災保険が共同開発したものである。この保険は、「悪天候による欠航の恐れ」等の理由で予約を取り消し・払い戻しした場合の取消手数料や払戻手数料、「悪天候等により搭乗予定便が欠航または大幅な遅延」となった場合等の追加費用を補償する保険である。

早めに旅行を計画すると、通常よりも大幅に安い運賃で航空券を予約できることが多い。しかし、搭乗日近くになって予約を取り消した場合には取り消し手数料が発生してしまうため、予約を躊躇してしまう消費者も少なくない。この保険に加入していれば、台風や大雪などの悪天候によって欠航の可能性が生じた場合の予約の取り消しでも手数料が補償される（自己都合によるキャンセルは対象外）。保険料は運賃の種類・運賃額・便区分によって変動するが、運賃が１万５０００円以下の「ANA VALUE（バリュー）」の通常便であれば、わずか３００円で加入できる。

航空券の購入完了画面、もしくは航空券の予約確認画面から申し込みできるため、チケット購入プロセスの延長線上で保険加入までをシームレスに行える。台風の多い季節や降雪が予想される時期の搭乗を予定している消費者に対しては、非常に効果的であろう。

組み込み型保険とＥＣサイトの相性のよさから、米国では自動車のオンライン販売サイトでも組み込み型保険の実装が始まっている。米国のジョージア州ダルースを本拠とする大手自動車ディーラー、アズベリー・オートモーティブ・グループは、組み込み型保険のプラットフォームを開発しているソルティ（Salty）と提携し、同社のオンライン販売サイト「クリックレーン（Clicklane）」上で自動車の購入から保険の加入まで完結するようにしている（**図表２－７**）。

購入する車両が決定した消費者は、氏名、電話番号、郵便番号、ＶＩＮ（車両識別番号）などの情報を入力する。すると、ネイションワイド、プログレッシブといったソルテ

図表2-7　自動車のオンライン販売サイト「Clicklane」に組み込まれた自動車保険の申し込みプロセス

希望する車を検索し、購入する車が決定したら、自動車保険の加入までをシームレスに行える（右上の「Insurance」の部分）

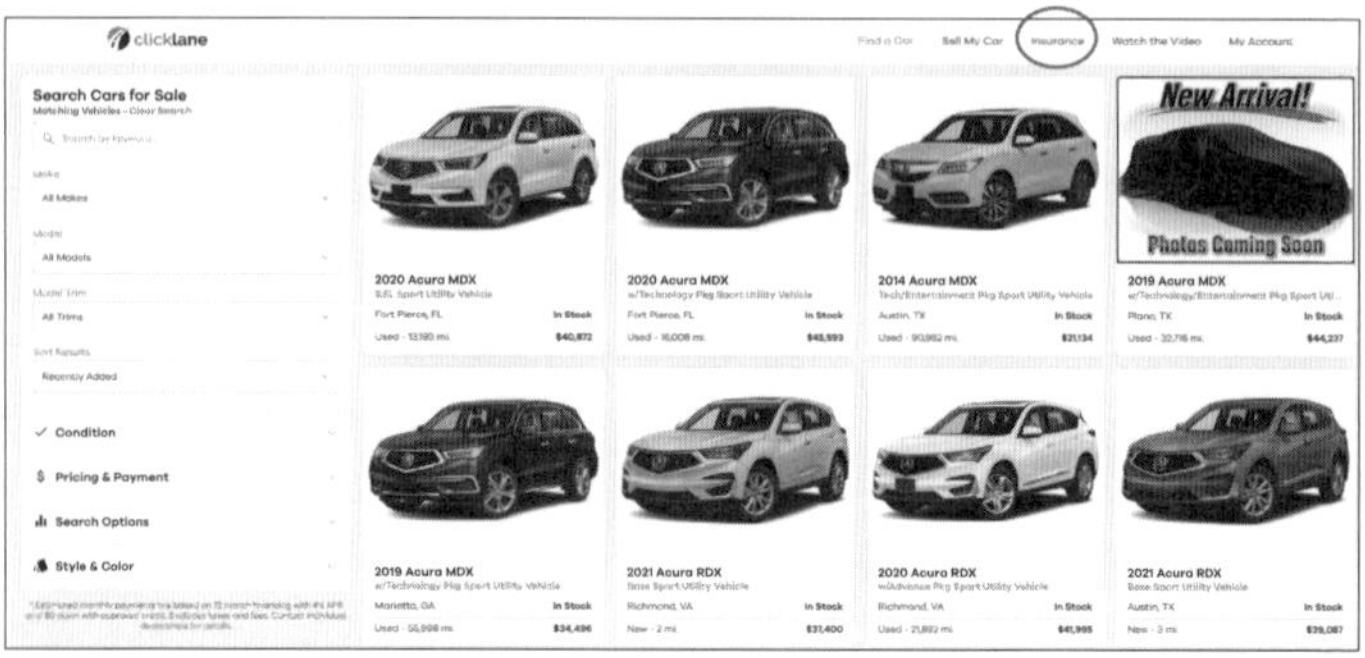

（出所）https://clicklane.com/cars/

ィが提携する複数の保険会社の中から、ＡＩ（人工知能）によって最適な保険会社と最適な補償内容が決定され、見積りと合わせて瞬時に消費者に提示する。消費者は提示された内容に納得すれば、そのままオンラインで契約が完了する仕組みである。車の購入を決めた消費者は保険会社のウェブサイトを別途訪問し、補償内容などの検討に頭を悩ませることなく、購入～保険加入までをシームレスに行えるようになっている。

テスラは自ら自動車保険を提供

米国でしばしば組み込み型保険の好例として参照されるのが、自動車メーカーのテスラである。同社は2019年8月からカリフォルニア州のテスラ車ユーザーを対象に、独自の自動車保険の提供を開始している（保険の引き受けはState National Insurance）。同社のホームページから1分で見積りが取得できる容易さと、テスラ車両に標準装備されている「アクティブセーフティ（衝突被害軽減ブレーキや車線逸脱防止など）」機能と先進運転支援機能を背景として（事故が発生しにくい）、保険料は従来の保険会社よりも最大で20〜30%も安くなるとしている。

　同社の保険の特徴はメーカーの利点を生かし、車に追加のデバイスを取り付けることなく、車から直接、運転行動に関するデータを収集・分析することによって料金を決定する点である。すでに多くの自動車保険会社は、ドライバーの運転の仕方によって料金が変動する「運転行動連動型」のテレマティクス保険を提供している。しかし、データ収集のためにサードパーティ製のデバイスを後付けで装着する必要があった。どの程度の精度差が出るのかは明らかにしていないが、テスラでは「運転に関するデータを正確に捕捉できる」とアピールしている。ただし、カリフォルニア州で展開している自動車保険では、個人のデータではなく、全テスラ車両から匿名化して収集したデータを統計処理し、料金を設定している。

しかし、２０２１年10月からテキサス州で提供を開始した自動車保険では、契約者の住所や車種、走行距離、補償内容などのほか、運転行動をリアルタイムで評価する「セーフティスコア」をベースに料金が毎月変動するというように大幅にバージョンアップした。セーフティスコアは、前方衝突警告の回数、急ブレーキ、急旋回、前走車との車間距離、オートパイロット使用時にハンドルから手を離していないか、といった5つの要素によって決まり、走行距離や走行時間は影響しない。

最も画期的なのは、従来の保険商品とは異なり、年齢や性別、配偶者の有無、事故歴、違反歴といった要素をすべて排除するという点である。同社では、「私たちは、あなたが誰であるかではなく、あなたがどのように運転するか、そして、（過去ではなく）今現在の運転の仕方によって保険料は決定されるべきだと考えており、テスラ保険に加入する前か後かにかかわらず、事故によって保険料が上がることはありません」と説明しており、競合他社よりも20〜60％も保険料が安くなるとしている。

一般的に、自動車保険の加入に際して消費者が重視するのは補償内容もさることながら、加入のし易さと保険料の安さであろう。インターネットから簡単に申し込める保険も増えているが、車両の購入プロセスとは一体化しておらず、車両情報を入力するのは手間がかかる。この点、購入と同時に保険の申し込みが可能で、さらにデバイスの取り付けも不要となれば、消費者の負担は軽減される。しかも料金も他社に比べて安価であれば、消費者には魅力的に映るはずだ。

同社ＣＥＯのイーロン・マスク氏は「将来的に保険事業は収益の30～40%を占める可能性がある」と語っている。本当に実現するかどうかはわからないが、同氏が組み込み型保険に非常に多くの期待を寄せていることは確かである。

フォード、ＢＭＷも追随

組み込み型保険への取り組みを進めているのはテスラだけではない。たとえば、フォードはテスラ同様にドライバーの運転の仕方に基づいて最大40%も保険料をディスカウントする保険商品「Ford Insure」を２０２０年2月から提供している。保険の引き受けはNationwide Mutual Insurance である。

この保険では、インターネットを通じて自分の車両データが収集されることにドライバーが同意し、申し込むだけで10%割引が適用される。その後は走行距離、急ブレーキと急加速、アイドル時間（発進と停止を高頻度に繰り返すのではなく、一定のスピードで走行している時間）と夜間運転（深夜0時〜朝5時までの間の運転）の有無などのデータが4〜6カ月間収集され、契約更新のタイミングで割引率が決定される。この保険のキャッチフレーズは「Your Safe Driving Saves You Money（あなたの安全運転があなたのお金を節約します）」である。データは車両に組み込まれているモデムを介してフォードと共有されるため、特別なアプリやデバイスは必要ない。平均すると約20％のディスカウントが期待できるという。

ＢＭＷも２０１９年12月、英国内で販売される新車のＭＩＮＩを対象に、包括的な自動車保険を3カ月間無料で提供するプログラム「MINI Flex Car Insurance」を開始した。これはインシュアテックのスタートアップであるリスク（Wrisk）とのパートナーシップによって実現しており（引き受けはMunich Re傘下のGreat Lakes）、3カ月後も毎月更新のサブスクリプションで契約を継続できる。消費者からしてみれば車両と自動車保険がバンドルされているように見え、購入時に保険契約を気にする必要がない。

自動車メーカーによる保険契約のバンドル提供が意味するのは、保険の有無を消費者が意識する必要がなくなってくるということだ。つまり、決済同様に「見えない」保険が現実になってくる。日本の場合、自賠責保険は自動車損害賠償保障法に基づき契約が義務付けられている「強制保険」である。一方、自動車保険は別名、「任意保険」と呼ばれる通り、加入は任意である。万が一の事態を想定すれば、良識あるドライバーは加入して然るべきであるが、実際には加入していない車も公道を走っている。

　損害保険料率算出機構が２０２１年４月に発表した「自動車保険の概況」によれば、日本国内の自動車保険の加入率は全国平均で75・０％。さらに全労災のマイカー共済など自動車共済に加入している乗用車を合わせても、88・３％と9割に満たない。単純に考えて、およそ10台に１台が任意保険に未加入なのである。組み込み型保険によって、自動車の購入と同時に任意保険にも自動的に加入することになれば、加入率は自然に上がり、未加入の車との事故という最悪の事態は避けられるだろう。

　この仕組みのデメリットは、ドライバーにとって商品選択の幅が狭まる点である。選択肢は幅広く用意された方がベターではあるが、保険料が他社に比べて安ければ、ドライバーにとっても決して悪い話ではないだろう。

保険はマイクロソフトのオフィス製品にも組み込まれる

保険が商品に組み込まれるようになり、保険会社と契約する手間が省けるようになるのは自動車保険に限った話ではなくなる。たとえば、マイクロソフトはＡＸＡ ＸＬ、およびクラウドベースのオンデマンド保険を手掛けるスタートアップのスライスラボ（Slice Labs）と提携し、「Microsoft 365 Business」「Office 365 Business」「Office 365 Business Premium」といった統合オフィス製品の利用者向けにサイバー保険を提供している。

この保険は「マイクロソフト セキュア スコア」と呼ばれる、組織のセキュリティ体制の評価結果を元に、リスクの低い顧客企業を対象にディスカウント価格で提供される。サイバーリスク関連の費用だけでなく、サイバー攻撃が発生した場合のインシデント対応と修復サービスもカバーする内容となっている。

企業をターゲットとするサイバー攻撃のリスクは年々深刻化しており、中小企業も例外ではない。日本損害保険協会が２０２０年1月に発表した「中小企業の経営者のサイバーリスク意識調査２０１９」では、「サイバー攻撃による被害を受けたことがある」と回答した中小企業は約2割（19％）に上った。その一方で、「現在、サイバー攻撃に対する対策はしていない」企業は24％と、約4分の1の企業が未対策であった。

マイクロソフトのオフィス製品に保険が組み込まれることによって、企業は別途、サイバー保険に加入する必要がなくなる。また、攻撃に遭ってから後手後手の対策となることもなくなる。

また、このサイバー保険のコンセプトは、テスラやフォードの自動車保険と同じであることに気づく。つまり、テスラやフォードがドライバーの運転行動のデータからリスク度合いを算出して保険料をディスカウントしているように、この保険でもエクセルやワードのほか、チームズ（Teams）やシェアポイント（Share Point）、アジュール・アクティブ・ディレクトリ（Azure Active Directory）などのマイクロソフト製品の使用状況からセキュリティリスクを測り、保険料をディスカウントしているのである。共通するのは、ユーザーに近い事業者がデータを持ち、その事業者が自ら保険を提供するという点である。

エンベデッド・インベストメント（組み込み型投資）

エンベデッド・インベストメント（組み込み型投資）は、投資を主目的とはしない買い物などの行動の動線に埋め込まれた投資や資産運用などのサービスである。エンベデッド・ファイナンスの中では市場の立ち上がりが最も遅く、典型的なサービスとして挙げられるのは、いわゆる「おつり投資」サービスである。

おつり投資はフィンテック市場が立ち上がった当初から注目を集め、すでに日本でも「トラノコ」や「マメタス」、「ｄカードおつり積立」などのサービスが提供されている。これらのサービスのモデルとなったのは、米国のエイコーンズ（Acorns）である。２０１２年創業の同社が提供するのは、クレジットカードやデビットカードによる決済で発生した1ドル未満の端数を集め、自動で最適な投資ポートフォリオを組み、投資していくというサービスである。

普段の買い物で発生するおつりを元手としたロボアドバイザーサービスといえばわかりやすいかもしれない。「投資」というと身構えてしまうことが多いが、買い物という日常生活の一部に投資が埋め込まれ、気軽に投資できる点が一般消費者に受けている。すでに９００万人以上のユーザーを抱えており、２０２１年5月にはＳＰＡＣ（特別買収目的会社）との合併によって株式を公開すると発表して話題になった。

ただし、同社のサービスは最初に説明したエンベデッド・ファイナンスの定義である

「非金融企業が消費者に金融商品や金融サービスを提供する」という点からは外れてしまう。その意味では、日本のＮＴＴドコモが提供する「ｄカードおつり積立」の方が、よりイメージに近いかもしれない。ｄカードおつり積立は本人名義のドコモ携帯回線と本人名義のｄカード（ＮＴＴドコモのクレジットサービス）の保有者が利用できるサービスであり、利用手順は以下の通りである。

①最初に１００円、５００円、１０００円の3種類から基準となる金額を設定する

②ｄカードで決済した金額の端数を「おつり」に見立てる。たとえば、５００円を基準額として設定し、ｄカードで３５０円の買い物をした場合、差額の１５０円がおつりとなる

③おつりは毎日積み立てられ、毎月1回、設定した引き落とし日に指定の銀行口座からまとめて引き落とされ、自動で運用される

なお、このサービスも厳密にはＮＴＴドコモが「提供」するのではない。同社はあくまで金融商品仲介業者としてサービスの「媒介」をするだけで、実際にサービスを提供するのは、ＮＴＴドコモと提携する株式会社お金のデザインであり、ユーザーが契約する相手方もお金のデザインとなる。

エンベデッド・バンキング（組み込み型銀行）

コロナ禍で店舗の営業時間短縮や休業を余儀なくされる中、事業のオンライン化に踏み切る企業が増えている。ＥＣサイトを立ち上げるには、まず銀行口座が必要になるが、ビジネス口座の開設に時間がかかり、スピーディな事業立ち上げのボトルネックになることがある。こうしたボトルネックを解消するのがエンベデッド・バンキング（組み込み型銀行）である。

組み込み型銀行は従来の金融機関に代わり、非金融企業が当座預金口座や普通預金口座を提供したり、クレジットカードやデビットカード、リワードカードなどを発行したりするサービスである。現状では、これらのサービスの中でも銀行口座の提供やデビットカードの発行は一般消費者向けではなく、自社の従業員向けや取引先企業向けが多くなっている。たとえば、ライドシェアリングサービスのリフトは、マスターカードと共同ブランドのデビットカードおよび銀行口座「Lyft Direct Mastercard Debit」をドライバー向けに提供している。口座とデビットカードを発行しているのは、ライセンスホルダーであるストライドバンク（Stride Bank）であり、アプリを提供しているのはギグワーカー向けのバンキングアプリの開発を得意としているペイフェアー（Payfare）である。

リフトがこのサービスを提供する第１の目的は、ドライバーが即座に給与を受け取れるようにすることであり、客を乗せるたびにオンライン銀行口座に給与が振り込まれるようにしている。第２の目的は、経済的に不安定なギグワーカーが多いとされるドライバーの支援である。口座維持手数料やオーバードラフトフィー（口座の残高を超えて支払いをしてしまった際に課せられる罰金）、ＡＴＭの利用手数料などをすべて無料にしており、さらにガスなど公共料金の支払いや食料品の購入、指定されたレストランでの支払いにこのカードを利用すると最大４％のキャッシュバックを受けられるようにもしている。

ドライバーに対してこうした支援を行うことで離職を防止し、優秀なドライバーを安定的に確保することが同社の最終目的である。

ウォルマートが提供するプリペイドカードでは利子を付与

ウォルマートが２００６年からグリーンドットバンクとの提携によって米国で提供している「マネーカード（Money Card）」は、プリペイド型のデビットカードである。プリペイド型であるため、信用チェックや銀行口座は必要なく、18歳以上であれば誰でも購入して使用できる。

２０２０年5月からは高利回りの貯蓄機能やキャッシュバック機能などを追加し、単なるプリペイドカードではなく、オンライン口座も提供するサービスに変えた。具体的には、最大１０００ドルの残高に対して２％の金利が付与されるほか、同社のＥＣサイトであるWalmart.comでの使用に対して３％、ウォルマート系ガソリンスタンドでの使用で２％、実店舗での使用で１％がそれぞれキャッシュバックされる（ただし、年間最大75ドルまで）。「スーパーが発行するプリペイドカードに申し込むと、買い物のたびにキャッシュバックが発生し、さらに残高に対して利子まで付く」と想像すると、このサービスのインパクトが理解できるだろう。さらには、「ASAP Direct Deposit」という給与の口座振込を設定した顧客には、給料日の2日前から給与の引き出しを可能とするサービスも提供している。このような顧客にとってメリットの多い金融サービスの提供によって、ロイヤリティを高める戦略である。

同社は以前から銀行をはじめとする従来の金融機関を使用できない層やキャッシュバック型クレジットカードの審査が通りにくい層への金融サービスの提供に積極的であった。

今回の一連のサービスも同様の意図があると思われ、顧客エンゲージメントの向上に寄与すると考えられる。

また、ＢＮＰＬサービスの有力ベンダーであるアファームと提携し、２０１８年からオンライン販売を対象に後払いサービスの提供を開始。その後、実店舗での購入でも後払いを可能にしており、エンベデッド・ファイナンスの拡充にも積極的に取り組んでいる。

なお、グリーンドットバンクにとっても小売業界の巨人であるウォルマートとの協業は収益上、大きな意味を持ち、２０２０年の同行の営業収益の27％はウォルマート関連が占めている。

ショッピファイとゴールドマン・サックスのエンベデッド・ファイナンス戦略

本章の最後に、エンベデッド・ファイナンスに果敢に取り組んでいる米国企業の例として、非金融企業と伝統的な金融機関を各1社取り上げて解説する。非金融企業は、「アマゾンキラー」として注目を集めているショッピファイ（Shopify）を、伝統的な金融機関

図表2-8　米国における小売分野のECの売上高シェア（2020年）

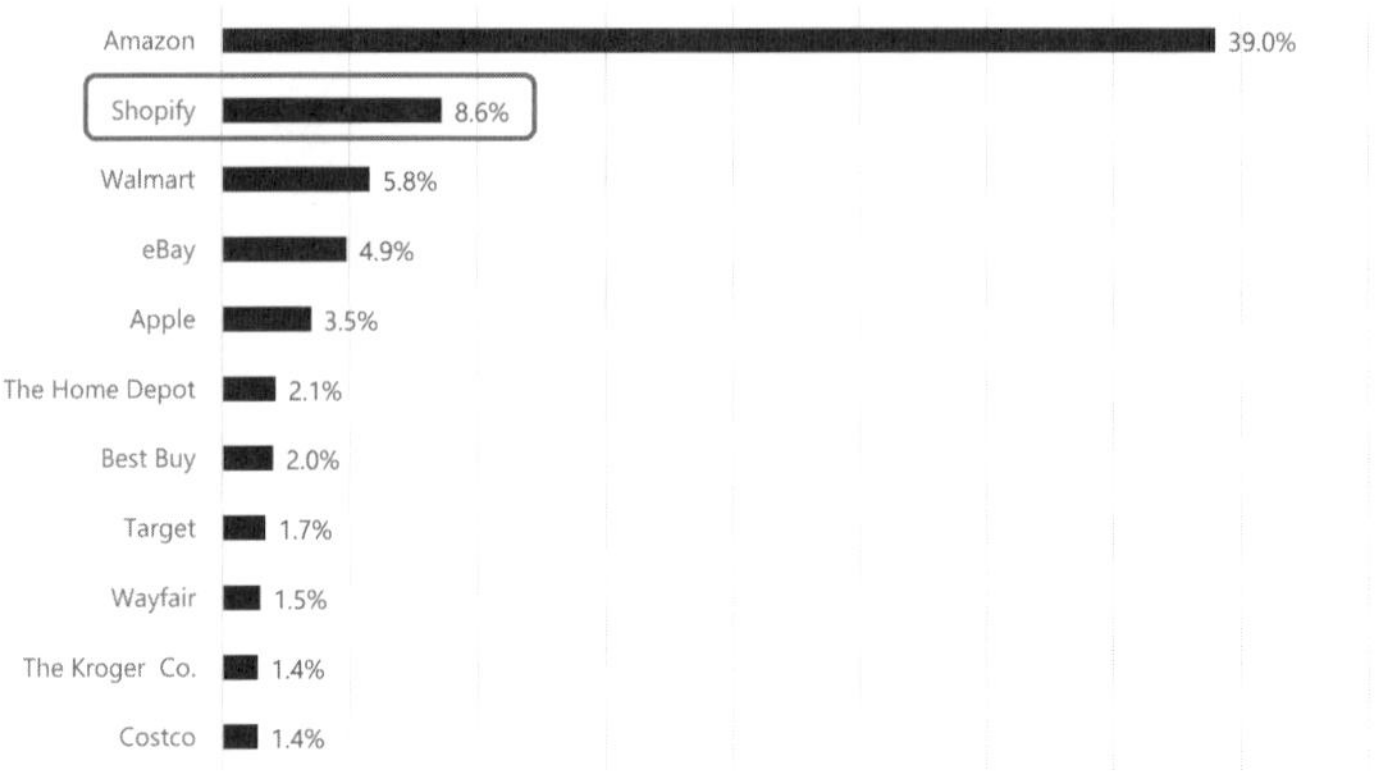

（出所）Shopify Investor Deck Q4-2020

としては、かつて「巨大な吸血イカ（Giant Vampire Squid）」と呼ばれたゴールドマン・サックスである。

カナダ発のショッピファイは世界シェアナンバーワンのＥＣサイト構築プラットフォームを提供しており、簡単にＥＣサイトが開設できることから人気を集めている。すでに１７５カ国１００万ショップ以上に導入されており、日本にも２０１７年から本格的に進出し、２０１８年からは日本語にも対応している。

２０２０年の米国における小売分野のＥＣの売上高シェアは、アマゾン（39・0％）に続く２位で８・６％を占める（**図表２－８**）。２０１９年は５・９％だったため、１年間でシェアを３％近く伸ばしたことになる。３位のウォルマートは５・８％と、小売業界の巨人を上回る売上を記録している。
単純比較はできないものの、取引総額を日本で最大規模の楽天市場と比較するとその凄さがわかる。楽天の２０２１年４～６月期のＥＣ取引総額約１・２兆円に対して、同じ期のショッピファイの取引総額は４２２億ドル（約４・６兆円）と４倍近い規模だ。

一般的に、あまり知名度のない中小の事業者がオンラインで商品を販売しようとする場合、日本ではアマゾンや楽天といったマーケットプレイスに出店する場合が多い。しかし、ショッピファイはそうではなく、独自のＥＣサイトを構築しようとする中小規模の事業者の間で人気を博している。これがアマゾンキラーと呼ばれる理由である。

これまでＥＣサイトを開設するためには、自社でサーバを用意し、パッケージを導入する必要があった。しかし、ショッピファイではサブスクリプション型のサービスモデルでサイトを開設できる容易さが評価されているほか、多言語・多通貨・海外配送も簡単にできるため、越境ＥＣにも適している。

同社が取り組んでいるエンベデッド・ファイナンスは主に４つある。同社にとっての顧客は、一般消費者ではなく、ＥＣサイトを構築しようとする中小の事業者であることから、ＢｔｏＣではなく、ＢｔｏＢのエンベッデッド・ファイナンスということになる。

（１）ショッピファイ・ペイメント

１つ目は「ショッピファイ・ペイメント（Shopify payment）」と呼ばれる組み込み型決済である。これは外部サービスのアカウントなしでオンライン決済を可能にするサービスで、ストライプの決済プラットフォームの利用によって実現している。２０１８年から日本円にも対応し、ショッピファイ利用時の主流な決済サービスとなっている。同社独自の決済サービスである「ショップペイ（Shop Pay）」のほか、「アップルペイ（Apple Pay）」「グーグルペイ（Google Pay）」が利用可能であり、Ｖｉｓａ、Mastercard、ＪＣＢ、American Express といったクレジットカードブランドに対応している。

小売業者にとっての一番のメリットは、取引手数料が無料という点である（クレジットカード決済の手数料はかかる）。また、ショッピファイ・ペイメントの導入前はショッピファイのアカウントとは別に外部サービスに登録し、支払いの確認などを外部サイトで行う必要があったが、導入後はショッピファイのアカウントで各種の決済サービスを管理できるようになる。

消費者にとってのメリットは決済にかかる手間が大幅に軽減される点である。特に２０

17年に開始されたショップペイは、ペイパルなどと同様に住所などの個人情報やクレジットカード情報を毎回登録することなく決済できるため、通常の決済に比べ4倍も速いとされる。このスピードが消費者のカゴ落ちの防止に大きく貢献している。

実際、同社が2020年1月中旬から2月中旬にかけて実施した調査によると、通常の決済方法と比べ、ショップペイでは注文単位のコンバージョンレートが平均して1・72倍高くなっている。特にモバイルデバイスの利用時にその差が顕著であり、デスクトップの利用時に1・56倍であるのに対して、モバイルでは1・91倍となっている。

このコンバージョンレートの差は非常に大きな意味を持つ。実店舗でも、レジ待ちの客が長蛇の列をなしているのを見て買い物を諦めた経験が1度や2度はあるだろう。ECでもチェックアウトに手間がかかり、時間を要するようでは客は逃げてしまう。特にPCに比べて入力が面倒なモバイルの場合に、その傾向が顕著に表れているといえるだろう。

（2）ショップペイ・インストールメント

2つ目は「ショップペイ・インストールメント（Shop Pay Installments）」と呼ばれる分割払いサービスである。これはショップペイにBNPLを統合して提供するもので、消費者は金利ゼロ、手数料もゼロの4回の均等払いで代金を後払いできる。定められた期限までに代金を支払えば、クレジットスコアに影響を及ぼすこともない。

このサービスは、前述したアファームとの協業によって実現しており、2020年9月から米国内の一部のショップに限定して利用できるようにした。いわば「ベータ版」の位置づけであり、ショッピファイはこのベータ版での試みについて、興味深い消費者の購買傾向を報告している。

まず、このサービスを導入しているショップの4つに1つで、消費者の平均注文金額が50%増加したこと、そして、チェックアウトに要する時間は外部の分割払いサービスを利用する場合に比べて30%も速いということだ。ショップペイに統合された分割払いの平均チェックアウト時間は69秒、外部の分割払いサービスを利用する場合は104秒ということである。また、カゴ落ち率についても、外部の分割払いサービスを利用する場合に比べて28%も減少したということだ。

外部サービスを利用する場合は外部サイトに一旦リダイレクトされるため、消費者の購買体験は損なわれる。その点、自社のECサイトにシームレスに統合してBNPLサービスを提供できるショップペイ・インストールメントは明らかに有利であり、コンバージョン率を押し上げる効果がある。

（3）ショッピファイ・キャピタル

3つ目は「ショッピファイ・キャピタル（Shopify Capital）」と呼ばれる、同社の顧客である小規模事業者を対象とした事業資金の融資である。融資額は200ドル～200万ドルで従来の中小企業向け融資とは異なり、月々の支払いに金利を上乗せして返済するのではなく、ショッピファイでの将来の売掛金から一定の割合を差し引いて返済するものである。そのため、融資を受けた後、売上があるとその収益の一部が自動的に返済に充てられる。

現在、返済期間が12カ月と決められているビジネスローン「ローン」と、売上の前払いサービスで返済期間の決められていない「マーチャントキャッシュアドバンス」の2つのプログラムが用意されている。

ローンは現在、米国の一部の州でのみ提供されており、従来の銀行ローンと同じように、借入金額と手数料を合計した総借入金額を12カ月で返済しなければならない。借り入れた金額は事業者の銀行口座に入金され、総借入額が返済されるまで1日の売上の一定割合がショッピファイに返金される。

12カ月の期間は、「マイルストーン」と呼ばれる、60日間で構成される6回の返済サイクルに分けられ、各サイクルの終了までに返済しなければならない最低返済額が設定されている。最低返済額に満たない場合は支払った金額と最低返済額の差額が事業者の口座から引き落とされる。

たとえば、５０００ドルを借り入れ、手数料が６５０ドル、返済率が10%の場合、受け取った５０００ドルは銀行口座に振り込まれ、５６５０ドルを完済するまで毎日の売上の10%が返済に充てられる。マイルストーンごとに９４１ドル（総借入額の6分の1）が最低返済額として設定され、最初のマイルストーンの終了時に８００ドルしか返済しなかった場合、残りの１４１ドルが口座から引き落とされる。

一方のマーチャントキャッシュアドバンスは現在、カナダ、米国、英国で提供されており、借入金額と手数料を合計した金額を返済するのはローンと同じであるが、返済期限やマイルストーンはなく、完済するまで毎日売上の一定割合が返済に充てられる。そのため、事業を始めたばかりで収益の安定していない事業者に向いている。

楽天やアマゾンも同様であるが、ＥＣサイトのプラットフォーマーは、プラットフォームを利用している事業者の取引データ（売上高や売上成長率など）やサイトのトラフィックデータを容易に把握できる。そのため、融資審査のために別途データを提出してもらうことなく、事業者の返済能力を正確に評価できる。ショッピファイの場合、所有する7000万ものデータと独自の機械学習アルゴリズムによって、事業者の最低売上金額を90％もの精度で予測できるという。

融資の申請から数日で融資を受けられるようになっており、事業者にとっても銀行に融資を申し込むよりも利便性が高い。そもそも小規模事業者の場合、銀行の審査が通らないケースも多いことを踏まえれば、ショッピファイにとっても事業者にとってもメリットが多いといえる。

ショッピファイ・キャピタルは2021年の第1四半期には、前年同期比90パーセント増の3億ドルを超える資金を事業者に提供している。これは、新型コロナウイルスの感染拡大によって資金繰りの悪化した小規模事業者にとって、重要な資金の調達元となったことを表しているといえるだろう。

（４）ショッピファイ・バランス

４つ目は「ショッピファイ・バランス（Shopify Balance）」と呼ばれる組み込み型銀行のサービスである。ショッピファイ・バランスでは、銀行口座をショッピファイ上に直接開設できるほか、手数料や最低預入残高もないため、同社の主要顧客である小規模事業者に適した口座サービスとなっている。口座にはデビットカードも付属しており、店頭での支払いやモバイルやオンラインを利用した支払い、ＡＴＭからの出金に利用できる。

ショッピファイの調査によると、同社のプラットフォームを利用している事業者の約４割が個人の預金口座やカードをビジネスにも使用しており、会社の財務状態を適切に把握するのが難しくなっているという。しかし、このサービスを使用すれば、中小企業のオーナーが個人の当座預金口座や普通預金口座を利用するのではなく、会社用に別の銀行口座を設定できるようになるため、売上や支払いを統合して１カ所で管理できるようになる。

ショッピファイ・バランスは、前述したストライプの「Stripe Treasury」と呼ばれるＢａａＳを利用し、さらに銀行免許を保有するエボルブ・バンク&トラストとの提携によって実現している。まさにエンベデッド・ファイナンスらしいサービスといえるだろう。

ショッピファイの収益源は大きく分けて２つある。１つは「サブスクリプション・ソリ

図表2-9　ショッピファイの売上の推移（2016～2020年）と内訳

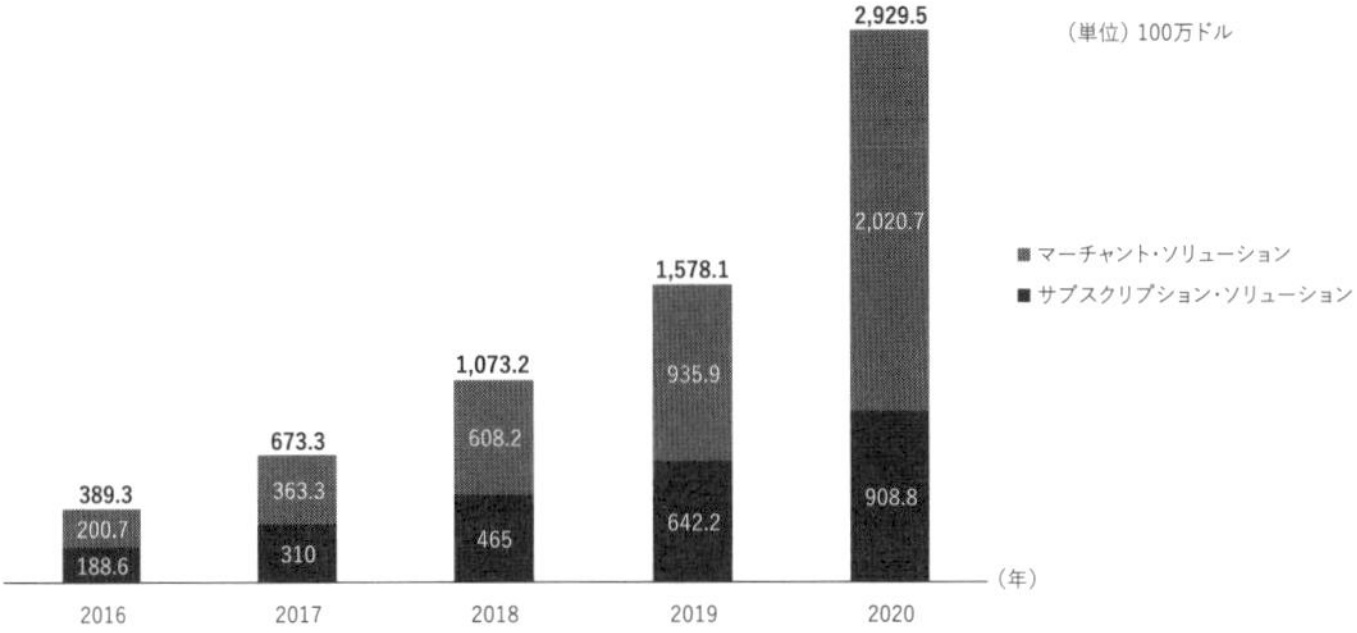

（出所）Shopifyの決算報告資料（2016～2020年）より、野村総合研究所作成

ューション」と呼ぶ、同社のECプラットフォームを利用する事業者に対して毎月課金する出店料である。もう1つはショッピファイ・ペイメントの決済手数料を中心とする「マーチャント・ソリューション」と呼ぶ売上である。これには、ショッピファイ・キャピタルやフルフィルメントネットワークの売上も含まれている。

同社の2020年度の通期決算を見ると、売上高は29・30億ドルで、そのうちサブスクリプション・ソリューションの売上は9・09億ドル、マーチャント・ソリューションの売上は20・21億ドルで、マーチャント・ソリューションが7割近くを占める（**図表2－9**）。エンベデッド・ファイナンスが同社の売上に果たす役割が非常に大きくなっていることがわかるだろう。

ＢａａＳで切り込むゴールドマン・サックス

世界有数の投資銀行であるゴールドマン・サックスは２０１６年4月、ＧＥ（ゼネラル・エレクトリック）から買い取ったオンライン銀行「ＧＥキャピタル銀行」の資産をゴールドマン・サックスグループの銀行子会社「ＧＳバンクＵＳＡ」部門に統合し、オンライン銀行をオープンさせた。このオンライン銀行は1ドルあれば口座開設が可能な一般消費者向けのリテール銀行であり、顧客となるには最低１０００万ドルが必要であったこれまでの同社のスタンスとは１８０度異なる。

２０１６年10月からは同社の共同創業者であるマーカス・ゴールドマン（Marcus Goldman）の名前を冠した「マーカス（Marcus）」ブランドで、実店舗を持たない一般消費者向けのデジタルオンリーのバンキングサービスに参入している。マーカスは手数料無料の無担保ローンからサービスを開始し、２０１７年末までに20億ドルの融資を組成した。その後、ＧＳバンクＵＳＡのオンライン預金プラットフォームをマーカスに統合し、現在マーカスはリテールバンキングサービスのブランドとなっている。

マーカスはサービス開始から3年間で利用者数５００万人、融資残高は50億ドルにまで

図表2-10　ゴールドマン・サックスのデジタルバンキングサービス「マーカス」の預金残高の推移（四半期ごと）

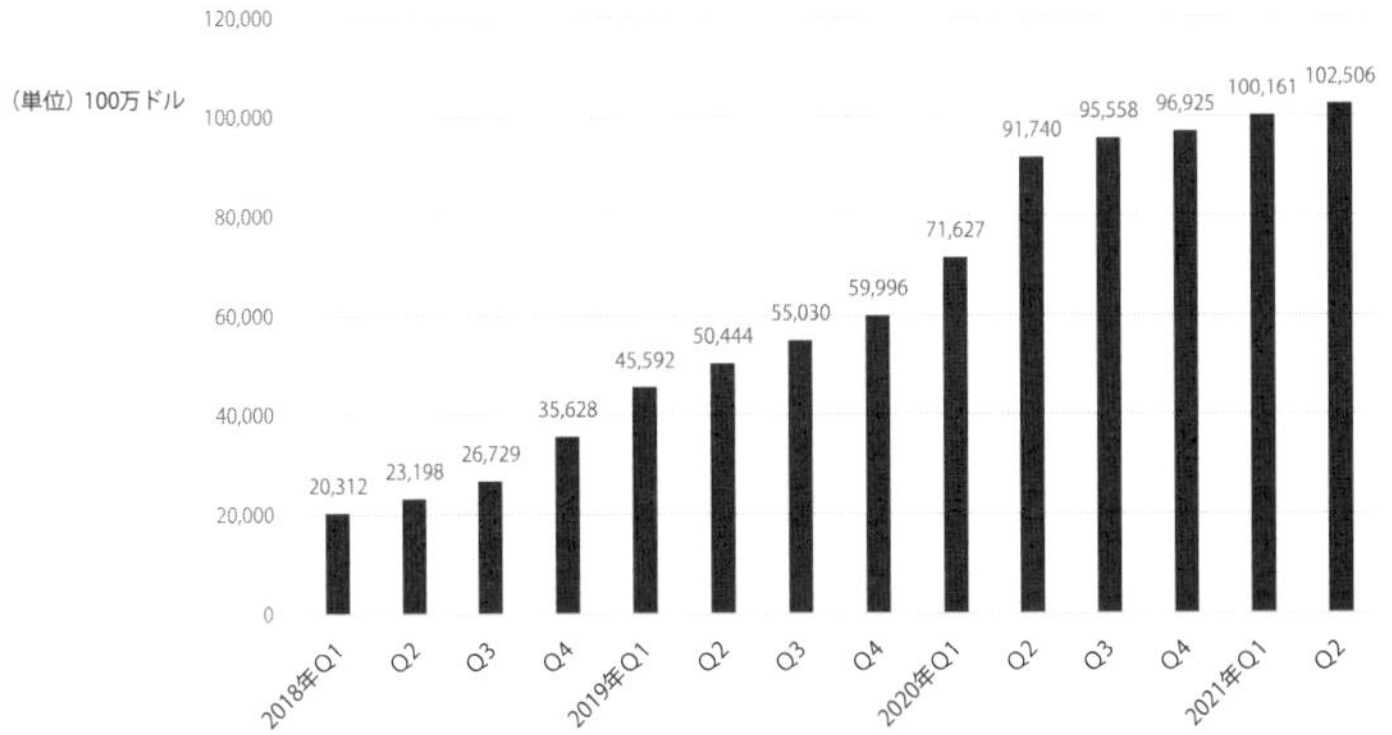

（出所）ゴールドマン・サックスの四半期報告書（2018年 Q1〜2021年 Q2）より、野村総合研究所作成

拡大した。融資の元となる資金は預金者から集めている。資金調達がスムーズに進む理由は、全米平均を一貫して大きく上回る高金利である。たとえば、サービス開始当初は全米平均の0・06％に対して1・05％、その後、2020年5月時点で全米平均の0・25％に対して1・30％、2021年8月時点では全米平均の0・09％に対して0・50％といった具合である。預金残高は2020年末時点で969億ドルにまで積み上がり、2019年末から約370億ドルも増加し、さらに2021年の第1四半期には1000億ドルを突破した（**図表2－10**）。

　ただし、同社がマーカスに課す数値目標はもっと上だ。2020年1月に開催した「イ

図表2-11　ゴールドマン・サックスの変化とイノベーションの歴史

（出所）Goldman Sachs「investor day 2020」資料より、野村総合研究所作成

ンベスターデー２０２０」では、５年後に１２５０億ドル超を目指すと宣言している。その実現のための原動力となるのがＢａａＳ事業である。同社はＢａａＳ事業をトランザクションバンキング（注１）とともに、２０２０年代の「イノベーション」の１つに位置づけている（**図表２－11**）。

同社が提供するＢａａＳはマーカスのデジタル基盤の構築で培ったノウハウがベースとなっている。ＢａａＳを利用して開発された初のエンベデッド・ファイナンスのサービスが２０１９年８月に米国で発行が始まったアップルのクレジットカード「アップルカード」である。アップルカードはゴールドマン・サックスとアップルが共同で発行するクレジットカードであるが、カード口座の運営に伴う債務や請求にまつわる業務はゴールドマン・サックスが担っており、アップル自身はカードの発行・決済に必要なライセンスは取得していない。そのため、カードの申し込みからアクティベーションまでのプロセスなど、同社の世界観を体現したＵＸの提供に注力できるようになっている。

　アップルカードは発行を開始した翌月の２０１９年９月末時点で取扱高１００億ドル、顧客のローン残高は７億３６００万ドルを記録するなど順調に滑り出し、ゴールドマン・サックスＣＥＯのデービッド・ソロモン氏をして、「これまでで最も成功したクレジットカードの立ち上げだった」といわしめている。

（注１）法人顧客に資金管理や決済サービスを提供する金融サービス

ジェットブルー航空にＢＮＰＬサービスを提供

　ゴールドマン・サックスは収益の大半を占める投資銀行やトレーディングなどの資本市場を中心とした事業からの多角化を図るため、マーカスブランドによる消費者向けサービスに力を入れている。しかし、順調に売上は伸びているものの、同社の全体の売上に占める割合はまだまだ小さい。マーカスやアップルカード事業などを含むコンシューマバンキング事業の２０１９年9月末時点での売上（過去1年）は全体のわずか２・４％であった。

さらなるテコ入れのために同社が推進しているのが、他社へのＢａａＳの提供を通じたエンベデッド・ファイナンスである。２０２０年4月には「マーカスペイ（MarcusPay）」と呼ばれるＢＮＰＬサービスの提供を開始し、最初のパートナーとしてジェットブルー航空の導入が発表された。マーカスペイというネーミングの通り、このサービスはマーカスブランドの元で提供するもので、マーカスのサービスを預金や個人向けローン以外にも拡大することを意味する。

マーカスペイは７５０ドルから1万ドルまでの商品やサービスの購入に利用可能であり、返済期間は12カ月または18カ月のどちらかを選択できる。頭金はなく、金利は10・99％から25・99％の固定金利で金利以外の手数料はかからない。

ジェットブルー航空は高額になりがちなバケーションパッケージ（航空券と宿泊費がセットになった旅行商品）の購入にマーカスペイを利用できるようにしている。同社がマーカスペイの採用に先立ち顧客の行動を分析したところ、ミレニアル世代はX世代に比べて2倍、ベビーブーマー世代との比較では4倍の割合で分割払いを利用しており、ＢＮＰＬ

はミレニアル世代に高く支持されていることがわかったという。

そのため、バケーションパッケージのチェックアウトプロセスの中に支払いオプションとしてマーカスペイをシームレスに組み込めば、ミレニアル世代中心にコンバージョン率が高まり、顧客ロイヤリティも向上すると考えた。実際、２０２０年９月のプロモーション期間中、成立した予約の約30％でマーカスペイが使用されたという。

アマゾン、ウォルマートと出店者向けローンで協業

さらに２０２０年６月にはアマゾンとの協業によって、アマゾンのＥＣサイトに出店している小規模事業者向けに最大１００万ドルのライン・オブ・クレジット（短期運転資金融資）を提供することも明らかになった。申し込みのプロセスは完全にデジタル化されているため、ゴールドマン・サックスから融資のオファーが届いた事業者は数分で申し込みが完了し、ほぼリアルタイムで審査結果が届く。金利は年率６・99％から20・99％の固定金利で通常のクレジットカードのように引き落としや返済ができる。

融資を希望する事業者が同意すれば、ゴールドマン・サックスは収支状況やアマゾンで

の出店期間などのデータをアマゾンから受け取り、審査に使用する。同社はこれらのデータをこの融資のためだけに使用し、他の金融商品のオファーには使用しないという。

以前からアマゾンはバンク・オブ・アメリカとの提携によって、出店者向けにターム・ローン（長期設備資金融資）も提供しており、２０１９年には米国を拠点とする１万４０００の出店者に10億ドル以上を融資している。このローンも引き続き提供するため、出店者にとっては選択できる融資プログラムの幅が広がることになる。

ゴールドマン・サックスの大企業との提携はこれで終わりではない。２０２０年9月にはアマゾンの競合となるウォルマートとの提携も発表している。アマゾンとの協業と同様に、ウォルマートが運営するＥＣサイトの出店者向けにゴールドマン・サックスがライン・オブ・クレジットを提供するものであるが、融資金額は1万ドルから7万５０００ドルとアマゾンの出店者向けよりは低く抑えられている。ただし、金利はアマゾン同様の年率6・99%から20・99%の固定金利である。

創業から約１５０年の歴史のほとんどをウォール街の顧客や超富裕層をターゲットにしてきたゴールドマン・サックスにとって、中小企業向け事業はほぼ未知の領域といってよい。両社のオンラインサイトに出店する何千もの小規模事業者のデータを獲得することで融資モデルの改善に役立てることができる。また、最終的に事業者が融資を受けない場合でも、両社の莫大な出店者にリーチできるため、「マーカス」ブランドの認知度向上には大きく貢献する。

テクノロジー企業へと変貌を遂げたゴールドマン・サックス

ゴールドマン・サックスがスムーズにＢａａＳ市場に参入できたのは、同社が数年前から進めてきたテクノロジー企業への転換が大きく貢献している。２０１７年に開催されたカンファレンスでは、株取引の自動化によって、２０００年時点で同社のニューヨーク本社に在籍していた６００人ものトレーダーが、２０１７年にはわずか２人しか残っていないこと、そして全従業員の３分の１（当時）にあたる約９０００人がＩＴエンジニアであることを公表し、世間を驚かせた。

さらに２０１９年12月に開催された世界最大のクラウドベンダーＡＷＳの年次イベント「re:Invent 2019」の基調講演にはＣＥＯのデービッド・ソロモン氏が登壇し、アップルカードがＡＷＳのインフラ上で稼働していることを明らかにし、話題をさらった。

同氏は同社におけるテクノロジーの重要性を力説し、開発者向けに公開しているＡＰＩポータル（https://developer.gs.com）を紹介しながら、同社が開発者を「顧客」と見なしていると説明した。実はマーカスをＢａａＳとして提供する前に、機関投資家向けのツールである「Marquee」のＡＰＩを開発者向けポータルで公開している。

同氏は引き続き、同社の金融サービスをＡＷＳ上に構築する意向を表明し、２０２０年に開始予定（当時）としていたトランザクションバンキングのサービスもクラウドネイティブな環境上に構築すると宣言して基調講演を締めくくった。

実際、２０２０年6月には米国でトランザクションバンキングのＡＰＩを公開している。すでに２５０以上のクライアントが利用しており、３５０億ドルを超える預金を引き受け、数兆ドルを処理している。この規模の金額をスムーズに処理できているのはクラウドを利用しているからといってよいだろう。

第3章

ビッグテックも参入

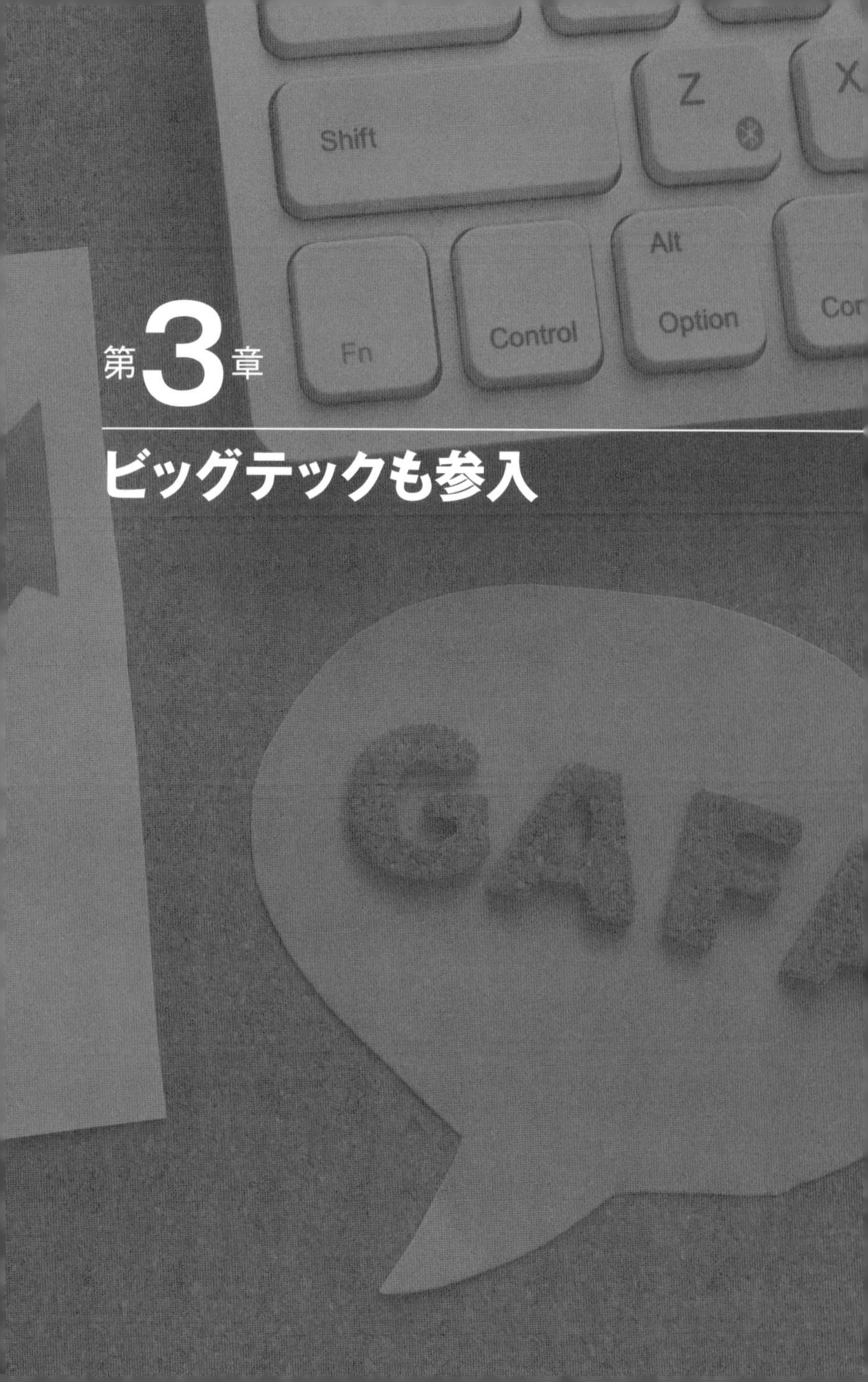

ここまでも一部、紹介してきたが、エンベデッド・ファイナンスにはグーグル、アマゾン、アップルなどのビッグテック（巨大ＩＴ）企業も参入を開始している。本章では各社の取り組みを整理して紹介する。

フィンテック企業買収で国内金融市場に本格参入するグーグル

２０２１年7月8日、『日本経済新聞』はイブニングスクープとして、「Ｇｏｏｇｌｅ、日本で金融本格参入へ　国内スマホ決済買収」と報じた。スマートフォンによるＱＲコード決済や送金サービスを提供するスタートアップ「プリン（pring）」を買収し、２０２２年をめどに国内で決済・送金サービスを開始するという。プリンは、２０１７年に決済代行のメタップス、伊藤忠商事、ＳＢＩインベストメント、みずほ銀行などが共同出資して設立した資金移動業者である。

サービス開始は２０１８年で、「〇〇Ｐａｙ」などが多数リリースされた時期に登場したことからＱＲコード決済の会社と思われがちであるが、どちらかというとメインは送金サービスである。友人や知人にスマホでメッセージを送るような感覚で簡単に割り勘や集金などのお金のやりとりができる。

また、「業務用プリン」と呼ばれる、法人から個人のスマホに送金できる法人向けのサービスも展開しており、ポイントの現金への交換や社員の経費精算に利用されている。24時間３６５日送金可能であること、電話番号のみで送金できる手軽さ、振込手数料が１件あたり50円と銀行振込に比べて安い点などが評価されている。送ったお金は、送金相手が自身の銀行口座に出金したり、セブン銀行のＡＴＭで現金として引き出したりできる。

グーグルはプリンの買収によって何を目指しているのだろうか？　まず予想されるのが、グーグルペイのウォレット（財布）としての活用である。米国では送金などで受け取ったお金をいったんウォレットにプールし、買い物時の支払いに使ったり、銀行口座から現金として引き出したり、再度送金したりできる。

ただし、グーグルペイは約40カ国で展開されているのにもかかわらず、ウォレット機能が使えるのは米国以外ではインドのみである。多くの国ではグーグルペイにカードを登録して、支払いに利用できるだけにとどまっている。日本でも同様であり、登録可能なカードや決済手段がそれほど多くないため、利用シーンは限定されている。

しかし、今回のプリンの買収によって大きく変わる可能性がある。プリンの提携銀行はメガバンク3行を含め50行を超えるほか、前述した通り、銀行口座やセブン銀行のATM経由で現金の引き出しができる。そのため、プリンがすでに構築済みの送金の仕組みを利用すれば、グーグルペイでできることが米国並みに広がる。

米国では銀行口座の提供を検討

もっとも、グーグルが2020年11月に米国で発表した「グーグルPlex」と呼ぶ新たな金融サービスを見ると、同社の深謀遠慮が見えてくる。グーグルPlexは普通・当座預金口座の開設、デビットカードの発行のほか、グーグルペイとの統合による決済・個人間送金などが可能なモバイルファーストのデジタルサービスで、2021年に提供を開始する予定である（本稿執筆時点ではまだ開始されていない）。また、バーガーキングやターゲット（ディスカウントストア）などの提携業者のクーポンやプロモーションコードなどを提示し、グーグルペイから簡単に利用できるようにもする予定である。

普通・当座預金のどちらにも口座維持手数料はかからず、最低預金残高の指定もない。また、週ごとにいくら使ったか、個々の店でいくら買い物をしたかといった購買行動の分析や、貯蓄目標を設定し、それに対する進捗の管理なども実施してくれる。いわゆるＰＦＭの機能もある。

口座開設ができるといっても、グーグル自身が銀行になるわけではない。シティグループやＢＢＶＡ、グリーンドットバンク、シアトルバンク、スタンフォード連邦信用組合（Stanford Federal Credit Union）など11の銀行・信用組合との提携によって銀行口座の提供を実現する予定であり、まさにエンベデッド・ファイナンスである。

「グーグルは銀行になろうとは思っていない。われわれは、これまで何年にも渡って金融エコシステムにおいて銀行と協力してきた。これからもパートナーである銀行が、できるだけ多くのユーザーに金融サービスや金融商品を最も役立つ方法で提供できるように協力していく」。グーグルの決済エコシステム担当副社長（当時）であるフェリックス・リン氏はメディアのインタビューに対し、このように語っている。数年前からグーグルによる銀行設立の噂は尽きなかったが、少なくとも現時点ではグーグル自身がライセンスを取得して銀行業に参入することはなく、エンベデッド・ファイナンスのスキームによって金融サービスを提供することになりそうだ。

もちろん、銀行口座を提供する以上、既存の金融機関と一部競合する。しかし、グーグルは検索サービスを筆頭に、さまざまなサービスの提供を通じて非常に幅広い顧客接点を持つ。金融機関からしてみると、顧客層を大幅に広げてくれることが期待できる。パートナーに名を連ねるシアトルバンクのＣＥＯであるジョン・ブリザード氏は、「グーグルとの協業は『ゲームチェンジャー』になる。業界最高のユーザー体験を提供すると同時に、新たなビジネス分野を開拓できると確信している」と語っており、歓迎ムードだ。

一方で、チャレンジャーバンクや若者世代をメインターゲットとして送金・決済サービスなどを手掛けるフィンテック企業にとっては脅威に映る。グーグルペイを統合したグーグルＰｌｅｘが、圧倒的なブランド力をバックにＺ世代（１９９６年から２０１５年の間に生まれた世代）中心に普及した場合、デジタルバンクを標榜するフィンテックサービスをまとめて飲み込んでしまう可能性があるからだ。

実際、グーグルＰｌｅｘに対する若者世代の期待は高い。金融コンサルティングサービスを提供するコーナーストーン・アドバイザーズ（Cornerstone Advisors）が２０２０年第４四半期に実施したアンケートでは、グーグルＰｌｅｘの特徴である「近くのガソリンスタンドを見つけて、自動で支払いをするGet gasボタン」に対して48％、「Ｐ２Ｐ送金」に対しては45％のＺ世代が「非常に興味がある」と回答している。これに対して、56〜74

図表3-1　Google Plexで「非常に興味がある機能」

N= 3,898

	Z世代（21-25歳）	ミレニアル世代（26-40歳）	X世代（41-55歳）	ベビーブーマー世代（56-74歳）
近くのガソリンスタンドを見つけて、自動で支払いをする「Get gas」ボタン	48%	41%	30%	13%
P2P送金	45%	45%	33%	13%
レストランを見つけて、注文と支払いができる「Get food」ボタン	43%	42%	28%	11%
手入力ではなく自動で取引をスキャンして、支出行動を洞察する機能	42%	41%	27%	9%
グループ内でのP2P送金	40%	38%	24%	7%
購買や検索履歴を元にした小売店からのパーソナライズされたオファー	36%	35%	25%	10%
Gメールとグーグルフォトのアカウントにアクセスして、レシートを自動でスキャンする機能	36%	39%	27%	9%
購買や検索履歴に基づかない、小売店からの一般的なオファー	29%	30%	21%	8%

（出所）Cornerstone Advisors Survey（2020年 Q4）

歳のベビーブーマー世代はそれぞれ13％でしかない（図表3－1）。

ライセンスを持つ銀行との提携によって、金融サービスの提供に不可欠な「信用」や「安心」を手に入れ、以前から定評のある使いやすいＵＩで銀行サービスを提供するとなれば、その可能性は非常に高くなるだろう。

グーグルは何のために銀行サービスを提供するのか

月々の口座維持手数料がかからず、ＰＦＭの機能もついてくるグーグルＰｌｅｘはユーザーにとってはいいことずくめのように感じられる。しかし、ここで素朴な疑問が湧いてくる。グーグルは何のためにこのサービスを提供するのかということだ。

もちろん、カードの手数料収入や前述した提携業者のクーポンなどの配信による収入は期待できるが、それだけではない。グーグルの収益源は創業以来、一貫して広告収入である。そして、その広告収入を支えているのが、ユーザーのデータである。そのように考えると、グーグルＰｌｅｘでもユーザーのデータ収集が目的ではないかと勘ぐりたくなる。

しかし、同社はこのサービスを発表した際、「グーグルペイはお客様のデータを第三者に販売したり、お客様の取引履歴をターゲティング広告のために他のグーグルのサービスと共有したりすることはありません」という声明を発表している。このことから、外部にデータを販売したり、ユーザーに無断でグーグルの他のサービスとデータを共有したりすることはないと理解できる。

ただし、ユーザーの同意が得られた場合には話は別だ。実際、グーグルペイのアカウントにサインアップすると、グーグルペイ内の取引データ（どこの店で買い物をしたかなど）をユーザー体験向上のための「パーソナライゼーション」に使用してもよいかを尋ねてくる。ユーザーの承諾を得られれば、グーグルの他のサービスとの連携が始まる。たとえば、Ｇメール経由で請求書や領収書が届いた場合、自動的に内容を判別してアプリに取り込み、処理できるようになる。

金融サービスから得られるデータは、非常にセンシティブであるが故に価値が高い。当面はいつも買い物している店からセールの案内が届いたり、頻繁に購入している商品をより安く購入できる別の店の広告が表示されたりするといった活用が考えられる。しかし、銀行残高や収入源、いつ・何にお金を使っているのかといったことを正確に把握できれば、将来的には融資サービスの提供に乗り出してもおかしくはない。もちろん、実際に融資をするのは提携する銀行であって、グーグル自身ではないだろう。ユーザーの同意が前提にはなるが、グーグルが保有するユーザーの多様なパーソナルデータを分析し、与信の精度を向上させることで他の金融機関よりも有利な条件が提示されるのであれば、同意が得られる確率も上がるだろう。

こうなると、すでにアリババグループのアントグループ（旧アント・フィナンシャル）が中国で提供している信用スコア「芝麻信用（セサミクレジット）」や、日本でもみずほ銀行とソフトバンクの合弁会社であるＪ．Ｓｃｏｒｅが提供している「ＡＩスコア」などの、いわゆる「信用スコア」を用いた融資に近づいてくる。

日本での銀行サービスの可能性

グーグルＰｌｅｘの日本での展開の可能性はどうか。先に説明したプリンの買収だけを根拠に、日本でもいずれサービスを提供すると考えるのはやや早計だろう。確かに買収の発表は大きなインパクトがあり、さまざまな憶測を呼んでいるものの、どれも憶測の域を出ない。グーグルＰｌｅｘ自体も米国でもまだサービスを開始していないだけに、実際のところ、どれほどのサービスになるかはわからない。米国での成功が日本展開の大前提となることは間違いないだけに、まずは米国での今後の状況を注視したい。

グーグルといえども、金融サービスを成功させるのは簡単なことではない。実際、グーグルペイはすでに世界40カ国で展開しているが、月間ユーザー数は１億５０００万人と報告されている。一見すると、この数字は大きく感じられるかもしれない。しかし、20億人以上ともいわれるグーグルのユーザー数を踏まえると、やや物足りなく感じる。

仮に日本に進出するとした場合、米国同様、銀行免許を持つ金融機関と提携すると考えるのが自然であるが、果たしてどこと組むことになるのか。詳しくは次章で解説するが、すでに三菱ＵＦＪ銀行はＮＴＴドコモと、みずほ銀行はＬＩＮＥと、それぞれ新たなデジタル口座サービスの提供やデジタルバンクの設立を発表している。三井住友銀行も以前からヤフー（現Ｚホールディングス）と共同でジャパンネット銀行（現ＰａｙＰａｙ銀行）を運営している。銀行免許を持ってさえいればメガバンクである必要はないが、大企業信仰の強い日本人の国民性や日本での銀行サービス参入のインパクトをより大きくするためには、やはりビッグネームとの提携が求められるところだろう。

「アップルカード」で参入するアップル

アップルのエンベデッド・ファイナンス戦略の中心は前述したアップルカードである。２０１９年８月にゴールドマン・サックスをイシュア（発行会社）として米国で発行が開始されたクレジットカードであり、「クレジットカードを完全に再定義した」とアップルが豪語するほど斬新なカードとなっている。

アップルの米国サイト内にあるアップルカードの紹介ページでは「Created by Apple, Powerd by iPhone」というメッセージがまず目に入る。「アップルによって創られ、アイフォンで動く」というこのメッセージは、カード会社が発行する従来の物理的なクレジッ

図表3-2　チタン製の物理カードとiPhone上のバーチャルカード

チタン製のアップルカード（物理カード）　　iPhone上のアップルカード（バーチャルカード）

（出所）https://www.apple.com/newsroom/2019/08/apple-card-launches-today-for-all-us-customers/

トカードとは一線を画すという同社の強い意志が感じられる。

アップルカードは、高級感のあるチタン製の物理カードも発行しているが、基本的にアップルペイと紐付けて利用することを前提としたバーチャルカード（**図表3－2**）の位置づけである。

申し込みはアイフォンのウォレットアプリから行うようになっており、住所、電話番号、名前など必要な情報の大半はアップルＩＤに基づいて事前に入力されている。このため、申し込み手続きは、年収など一部の情報を追加入力するだけで簡単に完了する。すべての情報を入力すると利用規約が表示され、同意すると審査のためにゴールドマン・サックスに申込書が送られる。審査に通れば、すぐにバーチャルカードが使えるようになる。

米国ユーザーの体験記がブログなどに多数アップされているが、「申し込みから利用開始まで、わずか数分で完了して感動した」といった声が多い。従来のように申込書の記入に手間がかかる上に、「忘れた頃に届く」物理カードとはまったく異なるユーザー体験を実現している。カスタマーサポートも、電話もしくはテキストメッセージで24時間受け付けている。こうした点も従来のカード会社のサポートサービスとは一線を画している。

物理カードの表面に刻印されているのはアップルのロゴと利用者名のみで、裏面もイシュアであるゴールドマン・サックスと国際ブランドであるマスターカードのロゴのみが刻印されている。それ以外の情報はすべて内部のＩＣチップに保持されており、一般的なクレジットカードに刻印されているカード番号や有効期限、ＣＶＣ（セキュリティコード）、サイン欄などは存在しない。スキミングなどの被害に遭う可能性はほぼゼロといっていいだろう。物理カードはバーチャルカードが使えない場所でのみ使用する「サブ」の位置づけではあるが、セキュリティをこれまでにないレベルにまで引き上げることでカード利用時の不安を払拭し、利用を促進していくという目的もあるように感じられる。

年会費、海外決済手数料、延滞手数料、限度額超過手数料等は一切発生せず、アップルのロゴの入った高級感のあるチタン製カードが手に入るというのは、特に「アップル信者」と呼ばれる熱狂的な同社のファンにとっては魅力的だろう。

キャッシュバックで利用を促進

前述した通り、アップルカードはアイフォンのウォレットアプリ経由で申し込む。アップルペイと紐付けて利用するのが基本であるため、カードを持つ人が増えれば、自ずとアップルペイの利用も増える。アップルブランドのチタン製カードというだけでも一定の利用者は見込めるだろうが、頻繁に利用してもらえなければ収益性は低くなる。そこで登場するのが、カードを利用するたびに発生するキャッシュバックである。

アップルカードで買い物をすると、使用金額の一定割合が「デイリーキャッシュ」としてすぐに消費者に還元される。デイリーキャッシュは本物の現金であるため、ポイントとは異なり有効期限はない。キャッシュはウォレットアプリ内のプリペイドサービスである「アップル・キャッシュカード」（後述）にすぐに入金される。１日に入金される金額に制限はないため、使った分だけキャッシュバックを受けられる。

キャッシュバック率は利用シーンによって変わる。アップルペイと紐付けたアップルカードを使った通常の買い物では2%、ナイキやウーバーイーツ、エクソン・モービル、ウォルグリーンなど特定の店での使用では3%になる。アップルペイを使わずに物理カードを使用した場合でも、Ｍａｃ、アイフォンケース、アップストアのゲーム、Apple MusicやApple TV+など、アップルの商品やサービスをアップルストアや公式サイト、アプリ内などで購入した場合は3%のキャッシュバックが受けられる（本稿執筆時）。

また、新規ユーザー獲得のため、キャンペーンも時折実施している。たとえば２０２１年3月には、アップルカードのアカウントを新規に開設したユーザーを対象に、キャッシュバック率を6%と通常の2倍にするプロモーションを実施した（対象となるのはアップルストアや公式サイトなどでのアップル製品の購入）。

アップルカードでは使用額を確認するために、別のウェブサイトやアプリにログインする必要はない。合計金額はウォレットアプリ内で自動的に集計され、週ごと、月ごとというように自由にビューを変えて確認できる。支出額を飲食、ショッピング、娯楽といったカテゴリ別に色分けして集計する機能を利用すれば、一目で支出傾向を把握できる。さらに地図アプリとの連携によって、どこで何を買ったかも容易に可視化できるようになっている。「ペイメント・ホイール（Payment Wheel）」と呼ばれる機能によって、返済金額や

図表3-3　アップルカードの「Payment Wheel」機能

「ホイール」をスライドさせることで、返済金額や返済のタイミングによって利息がどれだけ変化するかをリアルタイムに確認できる

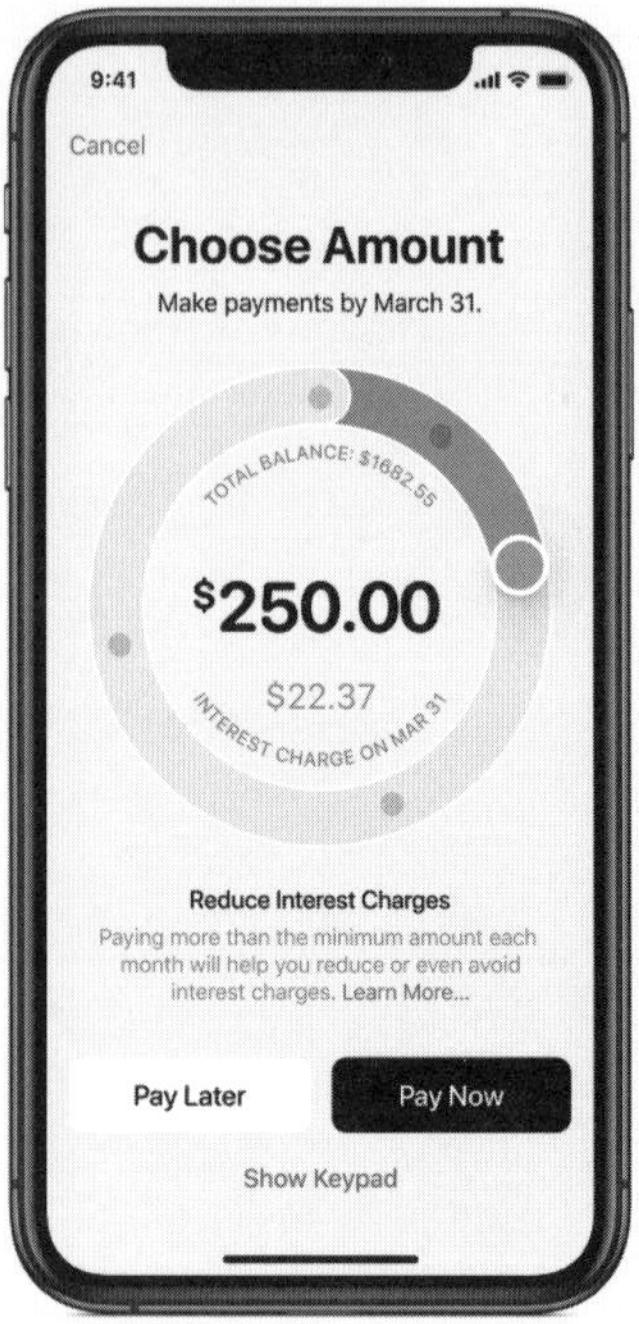

（出所）https://www.apple.com/newsroom/2019/08/apple-card-launches-today-for-all-us-customers/

返済のタイミングによって利子がどれだけ変化するかも簡単に確認できるようになっており、ユーザーが支払う利子を減らせるようにアドバイスしてくれる（図表3－3）。こうした斬新なユーザーインターフェースも「クレジットカードの再定義」を大きく印象付ける。

ファミリーカードで家族も取り込む

２０２１年４月には、アップルカードを最大５人までの家族で共有できる「アップルカードファミリー」という新たなサービスを発表した。13歳以上であれば１枚のアップルカードを共有できるようにするもので、メンバーは権限別に２つの種別が設定できるようになっている。

（1）共同オーナー
18歳以上のユーザーでアカウントホルダーと同等の権限と責任を持つ。

（2）参加者

13歳以上であれば参加可能で共同オーナーが定めた上限金額内でカードを利用できる。支払いの責任はあくまで共同オーナーが負うことになり、カードの利用履歴も共同オーナーの履歴に統合される。自分の取引分はデイリーキャッシュとしてキャッシュバックを受けられる。

アップルカードファミリーでは、家族の使用履歴がすべて共有される。誰が何にいくら使っているかを一目で確認できるようになっており、隠すことはできない。また、カードを使用するたびにオーナーに通知が飛び、承認の可否を尋ねられる。これは親が子どものクレジットカード利用をコントロールできることを意味する。子どもが親の保護のもとでクレジットカードを利用できることは金融教育の観点で大変有益であり、実体験を通じてお金の使い方を学ぶことができる。

さらに特筆すべき点として、アップルカードファミリーではクレジットヒストリーを共同で構築できる点が挙げられる。家族カードは日本のクレジットカードでも存在するが、クレジットヒストリーはあくまで本会員のみに構築される。しかし、アップルカードでは18歳以上であれば皆同じようにクレジットヒストリーを構築できる。もちろん、支払いが遅延した場合など、ネガティブなインパクトが発生する場合もあるが、それも含めて金融教育ということになる。

もちろん、アップルには潜在的なアップルカードのユーザー基盤を強固なものにするという狙いもあるだろう。アップルカードを使用してアップル製品を購入し、付与されたキャッシュバックをためて、またアップル製品を購入する。子どもの頃からこうしたサイクルを経験したユーザーは、ロイヤルカスタマーに育つ可能性が高い。将来、独立して自分のカードを持てるようになる頃には良質なクレジットヒストリーが構築され、アップルカードの審査も難なく通過する。アップルはカードファミリーの提供を通じて、こうした将来像を描いているはずだ。

個人間送金サービス「アップル・キャッシュ」

アップル・キャッシュはアップルペイの機能の一部で、iMessageとアップルペイの仕組みを用いてユーザー間での送金を実現する個人間送金サービスである。アイフォンやアイパッドさえ使っていれば、iMessageやＳｉｒｉから金額を指定して簡単に送金できる

図表3-4　iMessageを使った送金のイメージ

メッセージアプリを開き、「Apple Pay」のロゴをタップし、送金金額を入力後、Touch IDやFace IDで承認することによって送金が完了する

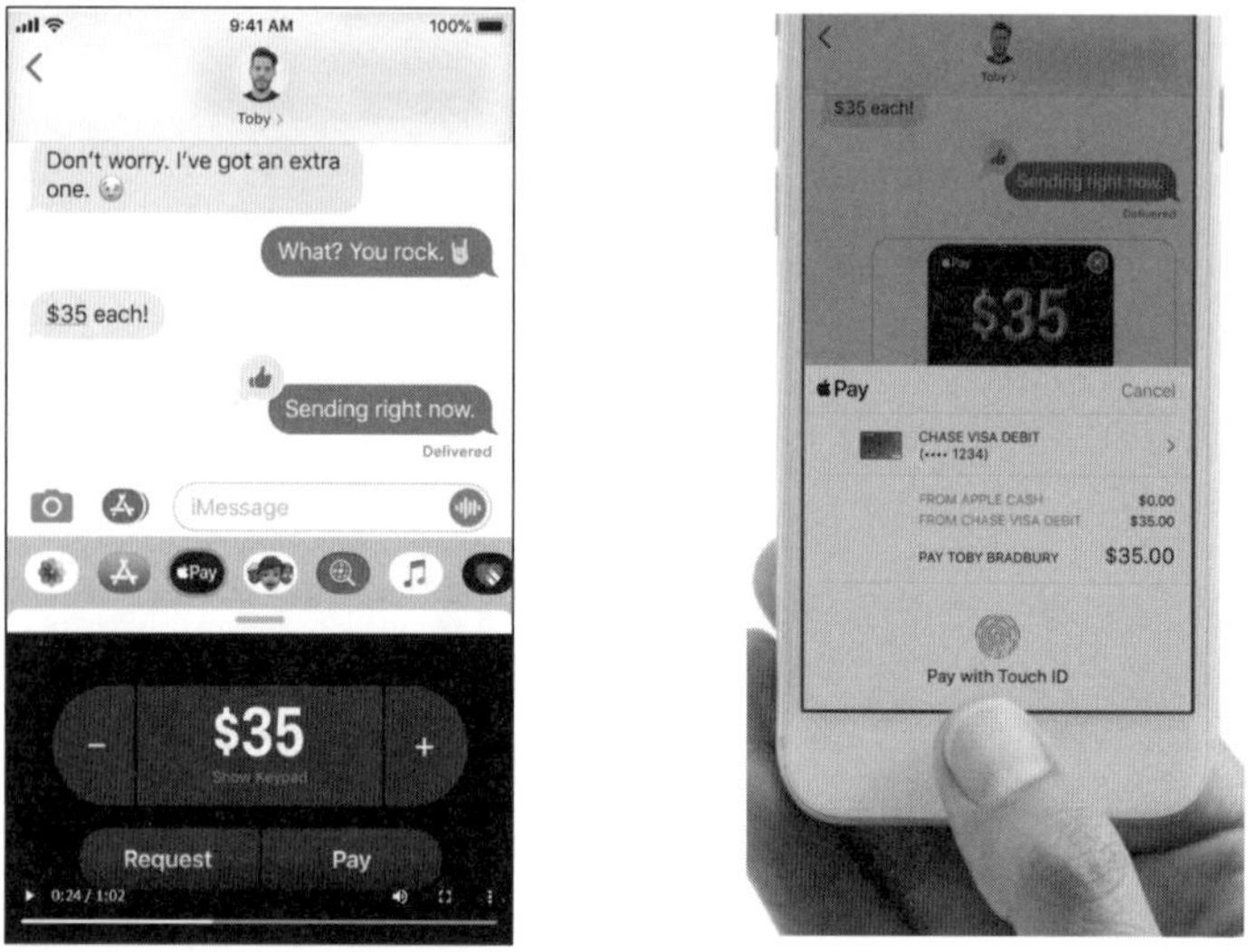

（出所）https://www.apple.com/apple-cash/

（図表3－4）ため、割り勘などでの利用が想定されている。たとえば、Ｓｉｒｉを使用する場合は、「アップルペイで佐藤さんにランチ代10ドルを送って」と音声で入力すればよい。

受け取ったお金はウォレットアプリ内のバーチャルキャッシュカードである「アップル・キャッシュカード」に追加される。アップル・キャッシュカードは、アイフォンの「設定」から「Wallet と Apple Pay」を

選択し、「Apple Cash」をオンにすると自動的に作成される。アップル・キャッシュカードには前述したデイリーキャッシュが入金されるほか、すでにアップルペイ用に設定しているデビットカードやプリペイドカードから入金することもできる。

アップル・キャッシュカードにたまったお金の使い道は3つある。1つ目は自分の銀行口座への入金で、無料でアップル・キャッシュカードから銀行口座に送金できる。2つ目は個人間送金の資金としての利用である。受け取ったお金は他のユーザーに送金する際に使用できる。3つ目はアップルペイを使用する支払いでの利用である。アップルペイが対応していれば、実店舗でもオンラインでも利用できる。

アップル・キャッシュは銀行ライセンスを持つグリーンドットバンクとの提携によって実現している。そのため、サービスを利用するためにはグリーンドットバンクに専用口座を開設する必要がある。マネーロンダリングを防止するため、口座の開設手続きには米国内の住所・電話番号・社会保障番号が必要になるため、現状では米国に在住している人しか使用できない。

多くのユーザーがアップルカードを使用すればするほど、アップル・キャッシュには資金がたまっていく。これはアップルの手元に一定量の資金がプールされることを意味する。

その金額がどれほどになるのかはわからないが、アップルカードの保有者は順調に増加しており、前述したコーナーストーン・アドバイザーズは、２０２１年春の時点ですでに約６４０万人がアップルカードを持っていると推計している（注１）。この資金を利用すれば、将来的には組み込み型投資などの新たな金融サービスの提供も可能になるだろう。

（注1）https://www.forbes.com/sites/ronshevlin/2021/05/04/apple-card-grows-to-64-million-cardholders-thanks-to-women/?sh=4a6ee18c2f57

ＢＮＰＬの提供も開始

２０２1年7月、アップルペイが後払いサービス（ＢＮＰＬ）の提供を計画しているとブルームバーグが報じた。報道によれば、このサービスは「アップルペイ・レイター」と呼ばれており、ユーザーが自分のアイフォンでアップルペイを使って買い物をすると、代金を4分割して2週間ごとに支払うか、数カ月に渡って支払うかをオプションとして選択できるようになるという。前者は無利息で、後者を選択した場合は利息が発生する。

このサービスはアップルカードと同じくゴールドマン・サックスと共同で開発しているが、アップルカードを持っていなくても利用できるようにする見込みである。実は、アップルはすでにアップル製品の購入時にアップルカードで決済すれば利息なしで分割払いができる「Apple Card Monthly Installments」というプランを提供している。しかし、アップルカードはクレジッドカードであるため、審査が必要で誰もが保有できるわけではない。実際、アップルは審査に落ちた人のために「Path to Apple Card（アップルカードへの道）」という信用度の改善プログラムを提供している（注1）。

今後アップルペイ・レイターの導入によって、任意のクレジットカードを使ったすべてのアップルペイの決済で後払いサービスが利用できるようになる。アップルカードを持っていない他のカードユーザーにも対象を広げることでアップルペイの利用を促進し、取引手数料の増加を狙うと見られる。

この報道の直後、ＢＮＰＬサービスの提供で先行しているアファームの株価は15％も下落した。しかし、アップルにとってアファームやクラーナ、アフターペイなどのＢＮＰＬプロバイダーは真の競合ではない。米国のスマートフォン市場におけるアイフォンのシェアは50％程度である。アイフォンユーザーのうち、約50％がアップルペイを利用しているとされるが、そのうち日常的に利用しているのは約40%とされる（注２）。これは人数にして約２５００万人、米国の成人の10%程度である。このうち、ＢＮＰＬサービスを利用すると想定されるのは、その特性上、Ｚ世代とミレニアル世代という比較的若い世代がほとんどである。

このように考えると、アップルにとってはＢＮＰＬサービス単体での収益はさして重要ではなく、ＢＮＰＬを付加価値とするオンライン決済サービス市場こそが本丸といえる。つまり、グーグルやペイパル、スクエア（Square）などを競合として意識しているはずだ。

（注１）ゴールドマン・サックスからの情報を元に審査に落ちた理由の概要を説明し、財務的な指標を改善することで次回は承認される可能性が高くなるように支援するプログラム

（注２）https://www.forbes.com/sites/ronshevlin/2021/07/13/apple-and-goldman-sachs-to-launch-apple-pay-later-a-buy-now-pay-later-service/

アップルの真の狙いは決済エコシステムの構築

このように見ていくと、アップルカードを契機とするエンベデッド・ファイナンス参入

の真の狙いは、決済エコシステムの構築であることが見えてくる。

つまり、アップルカードの発行によって、やや伸び悩んでいたアップルペイの利用を促進すると同時に、デイリーキャッシュがアップル・キャッシュカードにたまるため、アップル・キャッシュの利用が拡大する。アップルカードによる決済では、アップル製品の購入時にキャッシュバック率がアップするため、アップル製品の販促につながる。

アップル・キャッシュを使って友人・知人に送金するためには、相手もアップル・キャッシュを利用している必要があるため、アップル・キャッシュの利用者増につながる。また、アップル・キャッシュにたまったお金はアップルペイを使用する支払いで利用できるため、アップルペイの利用が増える。

一方、ＢＮＰＬサービスの追加によって、お金に余裕のないミレニアル世代やＺ世代を中心に決済手段としてアップルペイを選択するユーザーが拡大する。ＢＮＰＬではアップルペイの利用が前提であるため、アップルペイによる決済額も増加する。無利息の後払いが利用できれば、やや高額なアップル製品の購入を後押しする効果も見込める。また、後払いで延滞なく支払い完了が続けばクレジットスコアが向上し、アップルカードを持っていないユーザーも保有できるようになる可能性が高まる。

図表3-5　アップルが狙う「決済エコシステム」の構築

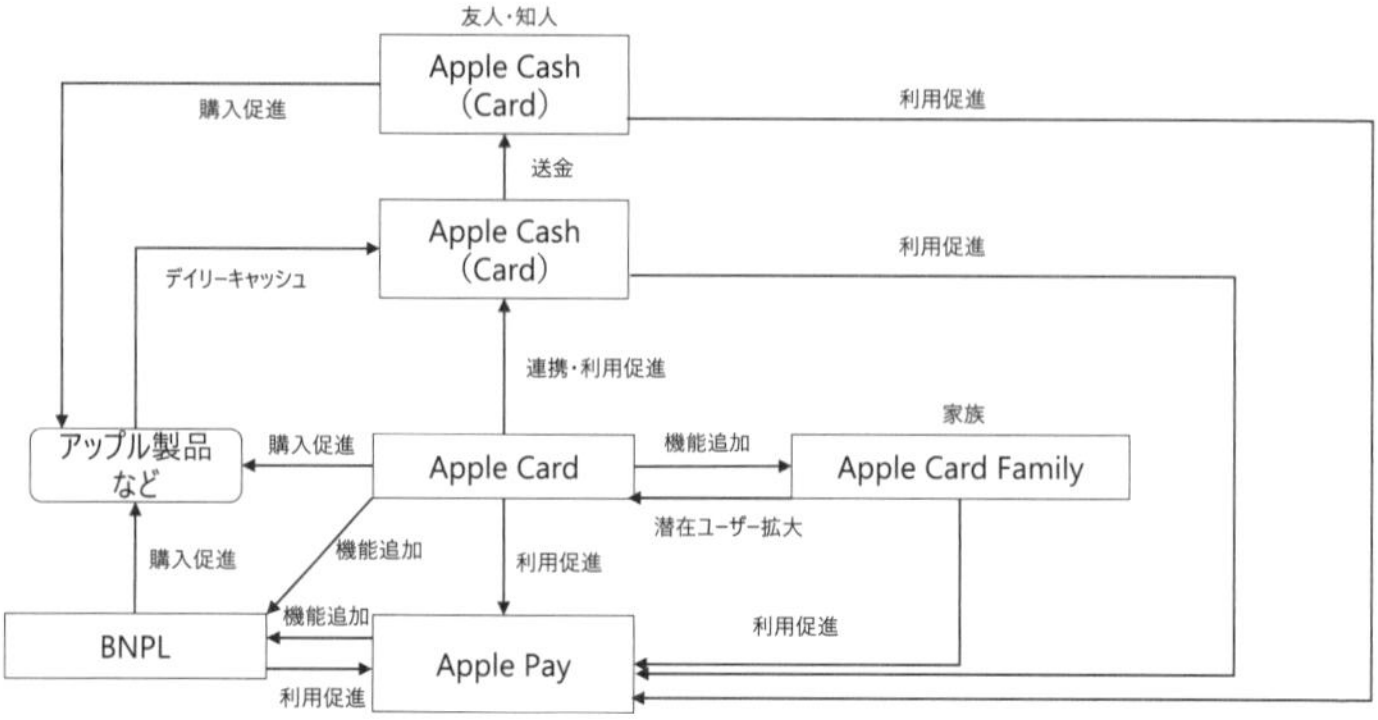

（出所）野村総合研究所

アップルカードファミリーの追加によって、足元ではアップルペイの利用が増えると同時に、将来的なアップルカードのユーザー基盤がより強固になっていく。

アップルはアップルカードの投入によって、先行してリリースしていたアップルペイとアップル・キャッシュを有機的につなげることに成功し、さらにＢＮＰＬサービスの追加などによって決済エコシステムを一段と強固なものにしようとしている（**図表3－5**）。

もちろん、アップル初のカード事業とあって、リリースまでの道のりは決して平坦ではなかったはずだ。しかし、ゴールドマン・サックスとの提携によってクレジット事業に伴うリスクをフルに負うことなく参入を果たすことができた。事業の多角化を図りたいゴールドマン・サックスは、消費者向け事業の柱の1つとしてクレジットカード事業を重視する方針を打ち出しており、まさにウィンウィンの関係にあるといえるだろう。

コラム　アップルカードは日本に上陸するのか

アイフォンユーザーが多い日本では、アップルカードの日本展開を待ち望む声が聞こえてくる。試しにグーグルの検索窓に「Apple Card」や「アップルカード」と入力すると、「Apple Card 日本上陸」「アップルカード　日本　いつから」といったキーワードがサジェストされるほどである。

実際、日本展開を予感させる事実も確認されている。アップルは2019年7月、日本の特許庁に「Apple Card」と「Apple Cash」の2つの商標登録の出願を行っている。そして、米国でアップルカードを共同発行しているゴールドマン・サックスが、2021年7月に日本で銀行免許を取得したことも金融庁のホームページで確認できる。同社は以前から「ゴールドマン・サックス証券」として日本で証券業を営んできた。しかし、証券業は登録制のため、銀行業に参入するためには免許が必要になる。

ゴールドマン・サックスの日本法人は、２０１９年５月から金融庁に対して銀行業免許の申請手続きを開始しており、約２年かかって金融庁の認可が下りたことになる。今回の免許の取得によって、「ゴールドマン・サックス・バンクＵＳＡ」の日本支店の設立が認められ、正式に銀行業を営むことが可能になった。こうした事実から、同社がリテールバンキング事業（マーカス）を日本でも立ち上げ、アップルカードの日本展開もサポートするのではないかという憶測を呼んでいるのである。

しかし、各種報道によると、同社が銀行免許を取得したのは前述したトランザクションバンキング事業の立ち上げのためであって、当面はリテールバンキングやカード事業の計画はないということである。考えてみれば、商標登録を出願した２０１９年７月は米国でのアップルカードの発行（２０１９年８月）を目前に控えた時期である。将来的な日本展開を見越しての可能性もあるが、単なる商標の確保を目的とした可能性もある。

また、アップルカードの利用で発生するデイリーキャッシュはアップル・キャッシュに入金されるが、アップル・キャッシュは米国ではグリーンドットバンクに専用口座を開設することによって実現している。米国でそうであったように日本でも銀行との提携によってアップル・キャッシュの仕組みを構築するのが先だろう。

さらに、米国と日本ではクレジットカードのビジネスモデルが異なる点も日本展開を難しくする。日本では加盟店からの決済手数料と消費者からの年会費が主な収入源となるが、米国ではリボ払い（リボルビング払い）の弁済金に含まれる手数料が主な収入源となっている。このため、米国で実施しているような特定店舗での買い物でキャッシュバック率をアップさせるような柔軟な運用ができない可能性がある。

商習慣以外にも法制度の違いもあり、米国のアップルカード事業のスキームを日本にそのまま持ち込むのは非常にハードルが高い。日本だけでなく、米国以外のどの国にも展開できていないのは、こうした理由があるからだろう。アップルカードが日本のユーザーの元に届くには、もうしばらく時間がかかりそうだ。

アマゾンは銀行にはならないが、金融ビジネスには参入する

この数年の間、アマゾンが「アマゾン銀行」を設立し、銀行業に参入するという噂が絶えなかった。たとえば、２０１８年3月5日の米『ウォール・ストリート・ジャーナル』誌の「Next Up for Amazon: Checking Accounts」というタイトルの記事では、アマゾンがＪＰモルガン・チェースを含む複数の大手銀行と当座預金口座の開設について協議していると報じている。自社ブランドの当座預金口座を提供することで、金融機関に支払う手数料を削減し、顧客の収入や支出傾向などに関する貴重なデータを手に入れられる、というのがその理由である。

アマゾンは以前から、「アマゾン・マーケットプレイス」の出店事業者向けの融資サービス「アマゾン・レンディング（Amazon Lending）」や、Amazon.com のアカウントに登録された住所情報とクレジットカード情報を使って他社サイトでも支払いができる決済サービス「アマゾンペイ（Amazon Pay）」、スマートフォンに表示させたバーコードを使ってアマゾンギフト券にチャージできる「アマゾン・キャッシュ（Amazon Cash）」などの金融サービスを提供してきた。また、前述したレジなし店舗「アマゾン・ゴー」も決済サ

ービスと捉えれば、金融サービスといえるだろう。

　こうした背景から、アマゾンが預金口座の提供などを通じて銀行業に参入したとしても違和感はない。しかし、どうやらアマゾン自身が銀行免許を取得して銀行業に参入するということはなく、エンベデッド・ファイナンスによって金融サービスの提供を続けていくようだ。

　もちろん、時価総額２００兆円に迫るアマゾンには、資本要件など銀行免許の取得に必要な要件をクリアして、自ら銀行になるポテンシャルはある。２０２０年12月にはＦＤＩＣ（連邦預金保険公社）が、非金融企業が銀行免許を取得できるように金融機関に要求される資本や流動性の要件を見直すなど追い風も吹いている。

　しかし、アマゾンペイのバイスプレジデントであるパトリック・ゴーティエ氏はあるカンファレンスでは次のように語っている。

「われわれが何かを開発できるということは、われわれがそれをすべきということを意味しない」

　つまり、アマゾンはその気になりさえすれば銀行免許を取得できる可能性はあるものの、敢えてそれはしないということだ。手間も時間もコストもかかる銀行免許を取得する代わりに、「アマゾン帝国」とも呼ぶべき同社のエコシステムの発展にリソースを振り向ける方が賢明という判断である。銀行免許が必要な業務については、従来同様にパートナーの力を借りればよい。

金融サービスにおける提携の歴史

前述したように、最近ではゴールドマン・サックスとの提携によって、アマゾンの出店企業向けに最大１００万ドルのライン・オブ・クレジットを提供している。それ以前にも、アマゾンは金融サービスの提供に際して金融機関の手を借りてきた歴史がある。ここで主な取り組みを振り返ってみよう。

（１）アマゾン・ストアカードとアマゾン・プライムストアカード

アマゾンでのショッピングのみに使える（注１）クレジットカードでシンクロニーバンク（Synchrony Bank）との提携によって発行している。アマゾンのアカウントを持っている消費者だけが申し込める。プライムストアカードはプライム会員のみが申し込める上位カードで、買い物のたびに5％のキャッシュバックが受けられる。

（2）アマゾン・リワード・ビザ・シグナチャー・カードとアマゾン・プライム・リワード・ビザ・シグナチャー・カード

アマゾンでのショッピング以外にも使えるクレジットカードでJPモルガン・チェースとの提携によって発行している。アマゾン・リワード・ビザ・シグナチャー・カードは、Amazon.comのほか、ホールフーズマーケットでの買い物で3％のキャッシュバックが受けられる。また、ガソリンスタンド、レストラン、ドラッグストアでは2％、それ以外の買い物でも1％のキャッシュバックを受け取ることができる。

アマゾン・プライム・リワード・ビザ・シグナチャー・カードの場合、Amazon.comとホールフーズマーケットでの買い物でキャッシュバック率が5％にアップする。それ以外の買い物でのキャッシュバック率は変わらない。非プライム会員をプライム会員に勧誘することを目的として導入されたものである。

図表3-6　アマゾン・ペイコードの仕組み

（出所）https://www.amazon.com/b?ie=UTF8&node=19781770011より、野村総合研究所作成

（3）アマゾン・ペイコード

Amazon.comでの買い物時に、銀行口座やクレジットカードを持っていない消費者でも現金で支払いができるようにするサービスである。主に中南米（チリ、コロンビア、ジャマイカ、ペルーなど）や東南アジア（マレーシア、インドネシア、フィリピンなど）、アフリカ（ケニア、タンザニア）で展開されているが、米国でも2019年9月から利用できるようになっている。

米国では、約1万5000もの支店を持つウエスタンユニオンと提携してサービスを展開している。決済時に「ペイコードで支払う」を選択すると表示されるQRコードと身分証明書をウエスタンユニオンの支店で提示し、商品の代金を支払う仕組みである（**図表3－6**）。代金は48時間以内に支払う必要があり、48時間を過ぎると注文は自動的にキャンセルされる。

（４）アマゾン・マーケットプレイス・レンディング

アマゾン・マーケットプレイスに出店する小規模事業者向けの融資サービスで長い歴史がある。２０１１年に一般的なビジネスローンでは融資を受けられない事業者を対象に単独で始めたが、２０１８年にはバンク・オブ・アメリカとの提携を発表している。融資可能額は１０００ドルから75万ドルで、返済期間は最長で１年。招待制のため、融資を希望する事業者すべてが融資を受けられるわけではなく、アマゾンからオファーがあった事業者だけが申し込める。

２０１１年のサービス開始以来、融資額は順調に拡大してきたが、２０１６年以降は成長が鈍化している。たとえば、２０１６年の融資額６億６１００万ドルに対し、２０１７年は６億９２００万ドル。大規模融資に対して慎重になったことが理由とされており、バンク・オブ・アメリカとの提携は信用リスクに関するノウハウを手に入れることが目的であったと推察される。

実はアマゾンの出店者向け融資サービスは日本でも２０１４年から開始されていたが、２０１８年頃にひっそりと撤退している。撤退理由は公表されていないが、融資審査はマーケットプレイス内での売上実績や顧客からの評価などのアマゾンが持つデータのみを判断材料としていたため、リスク評価に限界があったと思われる。

２０２０年６月に発表されたゴールドマン・サックスとの提携では、融資の引き受けの判断を全面的にゴールドマン・サックスに委ねるとされている（注２）。これは日本での苦い経験も踏まえてのことだろう。もっとも、ゴールドマン・サックス自身も小規模事業者向けの融資は本来得意ではなかったはずだが、リテールバンクへの参入から約４年が経過し、ノウハウが蓄積されてきたということかもしれない。

（注１）Amazon.com での決済のほか、アマゾン・ゴーやアマゾン・ブックストアなどのリアル店舗での支払いでも利用可能

（注２）https://www.cnbc.com/2020/06/10/amazon-and-goldman-sachs-unveils-small-business-credit-lines-up-to-1-million.html

アマゾンの目的はエコシステムの拡大

アマゾンが積極的に金融サービスの提供に乗り出す目的は、「エコシステムの拡大」で

ある。すなわち、エコシステムの参加者となる出品者と消費者を増やすことにある。そのためには出品者となる小規模事業者と消費者がAmazon.com内でストレスなくビジネスをしたり、ショッピングをしたりできる環境や仕組みを整える必要がある。具体的には、

①マーケットプレイスの出店者を増やすと同時に、各出店者の売上も増加するように支援する

②アマゾンで買い物する消費者を増やすと同時に、各消費者の購買金額が増加するようにする

改めてアマゾンが提供している金融サービスを検証してみよう。たとえば、先述したアマゾン・キャッシュはアマゾン・ペイコードと同様に、銀行口座やクレジットカードを持たない、あるいは持てない消費者がAmazon.comで買い物できるようにするサービスである。提携するコンビニエンスストアやドラッグストアなどの店頭レジでアマゾン・キャッシュのバーコードを提示し、現金を支払うとアマゾンギフト券の残高に追加される。

アマゾン・キャッシュに近いサービスとして、「アマゾン・チャージ」もある。これもアマゾンギフト券の残高にチャージできるサービスであるが、バーコードを提示する必要はなく、コンビニエンスストアに設置している端末などを利用してチャージする分の代金

を支払う。現金で５０００円以上チャージするとアマゾンのポイントが付与され、プライム会員の場合、５０００円のチャージで1%、９万円以上で２・５%もキャッシュバックされる。

　アマゾンはこれによって、クレジットカードや銀行口座がないからとアマゾンでの買い物を諦めていた消費者を見事に取り込むことに成功している。本来、実店舗に出向いて現金払いで買い物するはずだった消費者をアマゾンに振り向かせ、エコシステムの拡大につなげている。それだけではない。アマゾン・チャージで付与される最大２・５%のポイントは、銀行の預金金利よりも遥かに高く、自分の資金を預けておく預金口座としての役割も担うことができる。これは銀行にとっても脅威になる。

　プライムストアカードやプライム・リワード・ビザ・シグナチャー・カードを提供する理由は、キャッシュバック率を上げることによるプライム会員の加入者増である。モルガン・スタンレーの調査によると、「米国の平均的なプライム会員は、非会員の約5倍の２４８６ドルの買い物をしている」という。一般的に、会費が必要な会員制では、支払った会費の元を取ろうとする消費者心理が働く。プライム会員も同様に、１１９ドルの年会費の支払いを正当化したいがためにアマゾンで買い物する機会が増えるのだろう。結果的に会員の購買金額の増加という目的を達成している。

また、プライム会員になると、即日、あるいは翌日配送が無料になったり、プライム・ビデオなどデジタルコンテンツを無料で利用できたりする特典もついてくる。消費者は一度プライム会員になり、「アマゾン帝国」に足を踏み入れると抜け出せなくなる。

アマゾン・レンディングは、マーケットプレイス出店者の円滑な資金調達を支援する。融資のオファーは融資審査基準を満たした出店者だけに届くため、その時点でほぼ審査は済んでいると考えてよい。そのため、申し込みから融資まで最短で5日程度と早期の資金調達が実現する。セールなどのタイミングに合わせて、いつもより多くの商品を仕入れて大量に販売したいという時に、一時的に借りるお金として利用するのにはピッタリである。

銀行で融資を受ける場合は、事前に膨大な資料を準備して銀行に出向いて面談をする。審査から融資までには最低でも3週間程度と非常に長い時間がかかるのが一般的だ。これではすぐに資金を調達したいという出店者のニーズは満たせない。返済手続きもシンプルだ。出店者の売上が決済されるアマゾンアカウントより自動的に引き落とされるため、払い忘れるということがない。

このようにアマゾン・レンディングは、セールなどの大きな売上が期待できるタイミングで多くの商品を仕入れられるように出店者を資金面でサポートし、売上増加に貢献している。出店者にとっても商品の販売から在庫の仕入れに必要な資金調達までがアマゾンのエコシステム内で完結し、銀行から融資を受ける場合に必要であった一連の煩わしい手間が省ける。両者がエンベデッド・ファイナンスの恩恵にあずかれているといえる。

ただし、注意点もある。銀行融資であれば資金使途はある程度自由になるが、アマゾン・レンディングの場合は「アマゾン・マーケットプレイス内でのビジネスをさらに拡大させるため」というように使途が決められている。

こうしたアマゾンの戦略はすでに功を奏している。２０２０年７月の議会証言で、アマゾンの創業者兼ＣＥＯ（当時）のジェフ・ベゾス氏は、「世界で１７０万の中小企業がアマゾンのオンラインストアで商品を販売しており、２０１９年にはそのうちの20万以上の企業が売上10万ドル以上を記録し、１０００万ドルを突破した企業も１万５０００社あった」と述べている。

アマゾンの次なる手はＢＮＰＬ

エコシステムの拡大というアマゾンの目的を達成する次の手段はＢＮＰＬである。特にＢＮＰＬはアップルペイでも触れたように、クレジットカードを使用しない後払い手段として急速に注目度が高まっている。２０２１年8月には、アファームとの提携によって米国の一部顧客を対象にＢＮＰＬサービスを開始し、数カ月以内に一般の顧客に広げる計画も明らかになった。

実はアマゾンがＢＮＰＬサービスを提供するのは米国が初めてではない。すでに２０１9年11月からオーストラリアで、２０２０年4月からはインドで、それぞれ現地のＢＮＰＬプロバイダーと提携し、支払いオプションとして後払いサービスを提供している。オーストラリアではジップ（ZIP）との提携によって、１５００ドルまでの買い物であれば常に利息なしで利用できる「ジップペイ（Zip Pay）」と、３０００ドルまでの買い物に利用可能で、６カ月までの分割払いであれば利息なしで利用できる「ジップマネー（Zip Money）」という2つのオプションを用意している。

インドではキャピタル・フロート（Capital Float）、ＩＤＦＣファーストバンク（IDFC FIRST Bank）という2つの金融機関と提携し、「アマゾンペイ・レイター」の名称でサービスを提供している。すでに２００万人以上が利用登録し、１０００万件以上の取引が成立しているという。最大６万ルピー（約９万円）までの商品の購入に利用可能で、翌月支払う場合は利息はかからず、３・６・９・12カ月に分割して支払う場合は利息がかかる（注１）。

実は日本でも２０２１年６月からペイディ（Paidy）と提携し、３円以上の買い物に対して分割手数料無料で利用できる「３回あと払い」サービスの提供を開始している。アマゾンとペイディは以前からメールアドレスと携帯電話番号だけで申し込める「翌月あと払い」サービスを提供してきたが、今回の「３回あと払い」サービスでは、運転免許証、マイナンバーカードなどの身分証明書が必要になる。

後払いの選択肢が増えることで、特に20～30代の比較的若い世代の消費者を中心に購買金額の拡大が見込める。さらなるエコシステムの拡大に向けてアマゾンは決して手を緩めることはない。

（注１）https://www.goodreturns.in/personal-finance/planning/buy-now-pay-later-how-to-register-for-amazon-pay-later-or-amazon-pay-emi/articlecontent-pf18246-1208387.html

コラム　米国で進む「キャッシュレス店舗禁止」法

キャッシュレス比率がまだ30％程度の日本では、政府が２０２５年の大阪万博までに40％に引き上げることを目標としている。一方、クレジットカードを中心にキャッシュレス化が進んでいる米国では、アマゾンのレジなし店舗「アマゾン・ゴー」など先進的な取り組みが目立つ。

しかし、米国の一部の都市ではアマゾン・ゴーのように、キャッシュレスしか受け付けない店舗の存在が批判を浴びるようになっており、ペンシルベニア州フィラデルフィアでは２０１９年２月にキャッシュレス型店舗を規制する法律が可決されている。クレジットカードや銀行口座を持てない低所得者がキャッシュレス店舗を利用できないことが問題視されたもので、「現金での支払いを希望する層が除外されないように」という配慮が求められるようになっている。

フィラデルフィアに続いて、ニュージャージー州やサンフランシスコでも同じ法案が可決されたほか、２０２０年にはニューヨークやワシントンD.C.などの大都市でも同法案が承認されている。アマゾンはこうした議論の高まりを受け、2019年5月にオープンさせたニューヨーク初出店となるアマゾン・ゴーの店舗では現金でも支払えるようにしている。これはアマゾン・ゴーとしては初の試みである。

同社がアマゾン・キャッシュやアマゾン・ペイコードによって現金でも買い物できるようにしたのは、少なからず、こうした法律の影響もあるといえるだろう。

第4章

動き出した国内企業

ここまでは主に海外のエンベデッド・ファイナンスに関する動向を中心に紹介してきたが、本章では日本企業の動向を中心に解説する。膨大な顧客接点を有する事業会社が有利であるというエンベデッド・ファイナンスの趣旨からすると、消費者の日常生活に密着している小売や通信、ネット企業などが浮上する。

「シナリオ金融」構想を掲げるZホールディングス

この中で以前から積極的にエンベデッド・ファイナンスに取り組んでいるのは、ネット企業である。特に、ヤフーを傘下に持つZホールディングスとLINEとの経営統合によって誕生した新生Zホールディングスは、金融事業を広告などの「メディア事業」、ECなどの「コマース事業」に次ぐ第3の収益の柱にしようと目論んでいる。

同社の強みは経営統合によってさらに強固になった国内有数のユーザー基盤である。2021年3月1日に開催された「LINE株式会社との経営統合に関する戦略方針説明会」の資料では、

・LINEの国内月間利用者数　約8600万人

・ヤフーの国内月間利用者数　約６７００万人
・ＰａｙＰａｙの累計登録者数　約３６００万人（２０２１年２月末時点）

となっている。実際、この３つのサービスのどれも使っていないという消費者は少ないのではないだろうか。特に、ＬＩＮＥは日常的なコミュニケーションツールとしてすっかり浸透し、老若男女問わず、幅広い消費者に利用されている。

この圧倒的な顧客接点を生かすべく、Ｚホールディングスが掲げている構想が「シナリオ金融」である。これは消費者の生活シーンで起こるさまざまな行動をトリガーとしてクロスセル的に金融商品を提案しようとするもので、「エンベデッド・ファイナンス」や「組み込み金融」といった言葉は使っていないものの、意図していることはほぼ同じといってよい。

前述した「経営統合に関する戦略方針説明会」では、具体的な利用シーンとして宿泊予約サイト「Ｙａｈｏｏ！トラベル」で予約する際にキャンセル専用保険（注１）を、オンラインショッピングモール「ＰａｙＰａｙモール」で高価なものを買いたい時に個人向け少額ローン「ＬＩＮＥポケットマネー」を、ＰａｙＰａｙアプリで決済した時に付与される還元ボーナスを元手として運用する「ＰａｙＰａｙボーナス運用」などが示された。

（注１）予約をキャンセルした場合に負担したキャンセル料をキャンセルの発生事由に応じて補償する保険

組み込み型保険が先行

ヤフーでは経営統合以前から、これらのシナリオ金融を具現化したサービスを提供してきた。たとえば、２０２０年１月からは三井住友海上火災保険を引受保険会社として、「ヤフオク！」で落札した家電製品またはスマートフォンを対象に、３００円からの保険料で修理サービスを受けられる「ヤフオク！修理保険」を提供している。商品購入と同じ画面から加入可能で、保険料は商品代金と一緒に引き落とせるようにするなど使い勝手を高めたこともあり、対象者の１割程度が申し込むなど好調に推移しているという。

また、２０２０年12月からは、ヤフオク！で落札した商品だけでなく、「ＰａｙＰａｙモール」「ヤフー！ショッピング」で購入した家電製品に対しても、故障が生じた場合に長期修理サービスを補償する「あんしん修理保険」の提供を開始している。購入する商品

図表4-1　ヤフー!ショッピングの「あんしん修理保険」の加入フロー

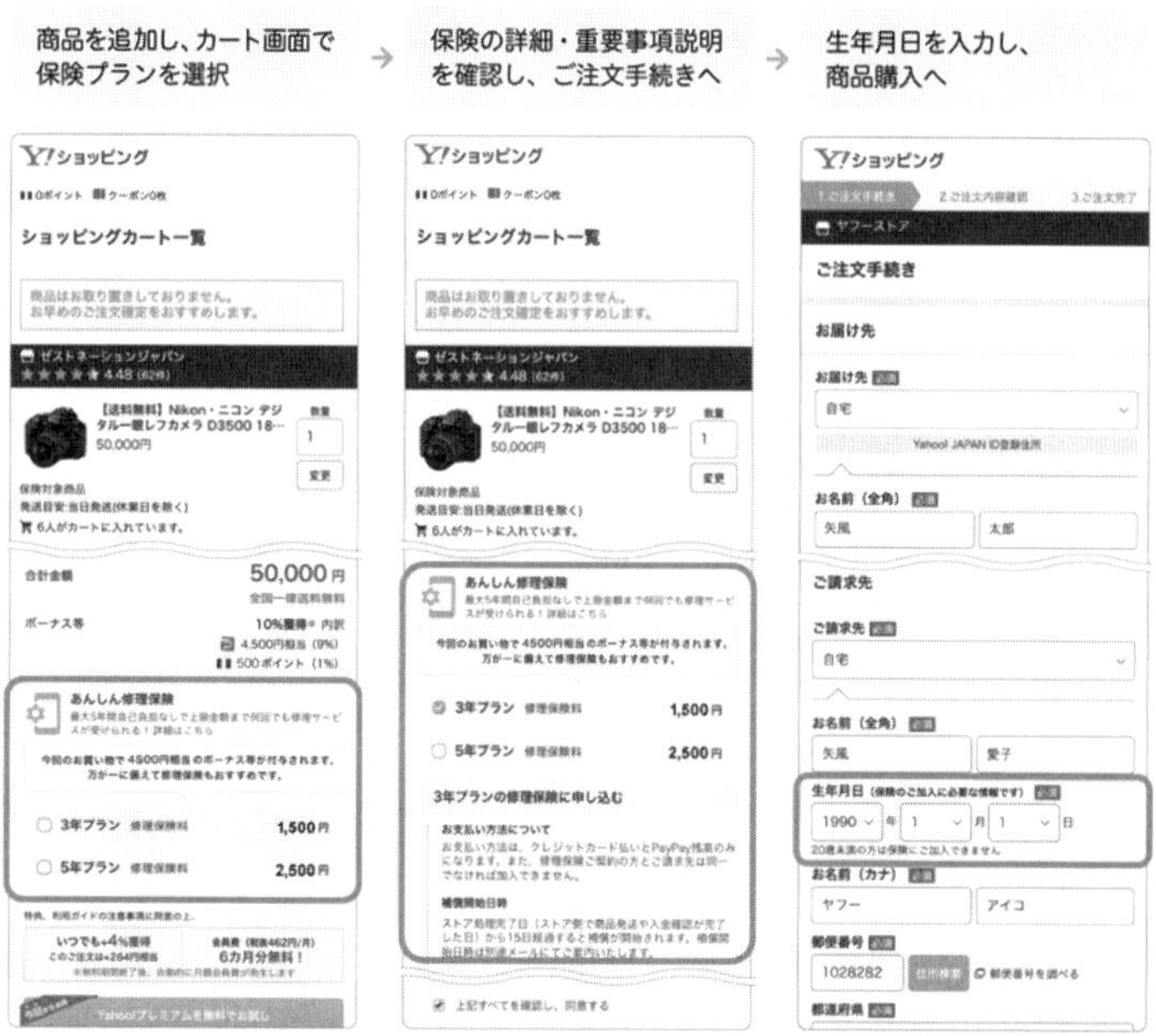

（出所）Yahoo! Japan プレスリリース https://about.yahoo.co.jp/pr/release/2020/12/10a/

をカートに追加して決済を行う画面上で保険の加入手続きも同時に行えるようになっており（**図表4－1**）、まさに組み込み型保険を実装しているといえるだろう。

もし、これが商品購入とは別の動線で提供されていたらどうだろうか。「三井住友海上火災保険では、ヤフー!ショッピングで購入された家電製品を対象にお得な修理保険を提供しています。詳しくは、三井住友海上火災保険のホームページへどうぞ」というように誘導されるのがせいぜいであろう。恐らく、ほとんどのユーザーは三井住友海上火災保険のページを訪れることなく離脱してしまうはずだ。

Ｚホールディングスでは今後、グループの１００以上のサービスと連携し、シナリオ金融を構築していく計画を明らかにしている。日常生活に根ざしたサービスを多数提供し、なおかつグループ内にＰａｙＰａｙ銀行（旧ジャパンネット銀行）、ＰａｙＰａｙ証券（旧ＯｎｅＴａｐＢＵＹ）、ＰａｙＰａｙ保険サービス（旧Ｙａｈｏｏ！保険）などの金融関連企業を多数抱える同社は、エンベデッド・ファイナンスの実装において非常に優位なポジションにあるといえる。

ただし、同社は必ずしも自社グループ内で完結することを想定していない。「マルチパートナー戦略」という言葉を使い、グループ外の金融機関とも連携して金融サービスを提供することを示唆している（**図表４－２**）。この背景には、もともと他社と提携して提供してきたサービスの存在がある。

たとえば、ジャパンネット銀行は日本初のネット専業銀行としてさくら銀行（現三井住友銀行）と富士通が主導して２０００年に設立された。その後、２００６年にヤフー（現Ｚホールディングス）が資本参加し、２０１４年に三井住友銀行およびヤフーの持分法適

図表4-2　Zホールディングスが目指す「シナリオ金融」のイメージ

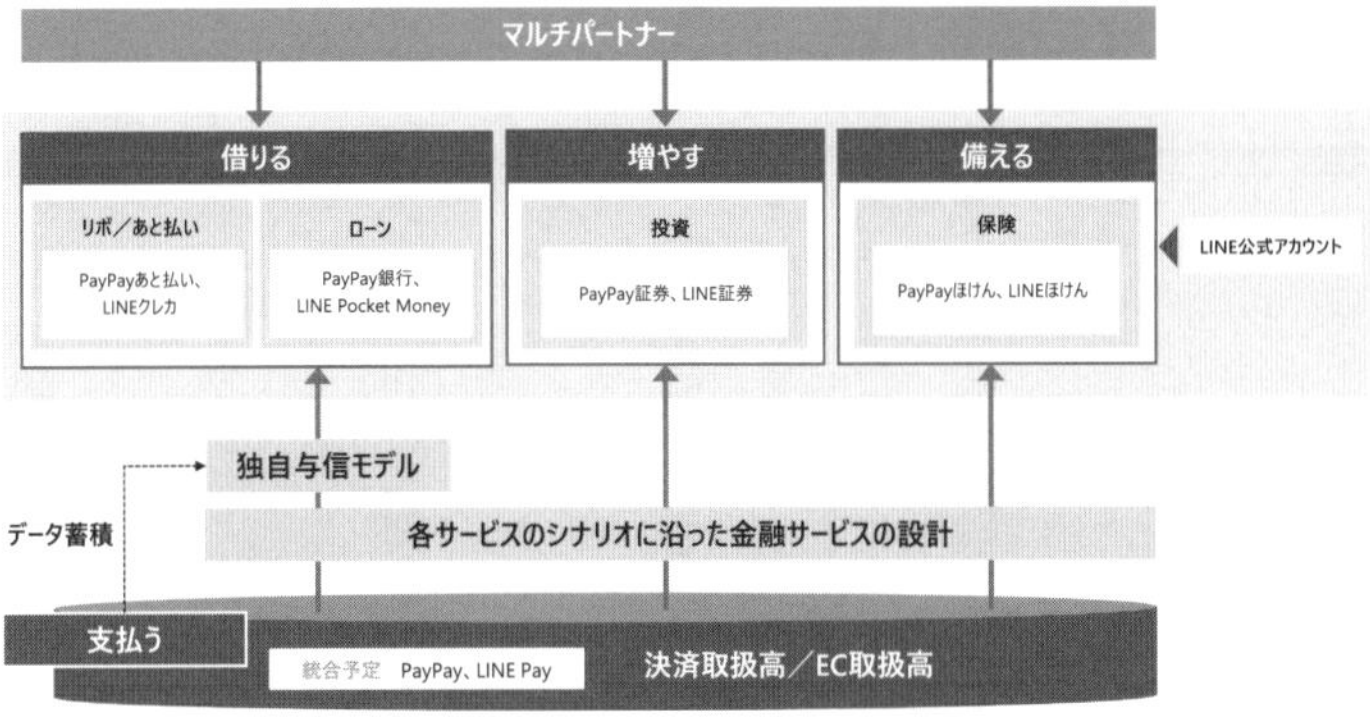

（出所）https://www.z-holdings.co.jp/ja/ir/20210301bisb/main/02/teaserItems1/01/linkList/0/link/jp2021business_integration.pdf

用会社となり、さらに２０１８年にヤフーの連結子会社となった経緯がある。そのため、三井住友銀行の存在を無視して、Ｚホールディングスグループだけでシナリオ金融構想を進めるわけにはいかないということだろう。もちろん、こうしたマルチパートナー戦略は消費者にとっては利用できる金融サービスの選択肢が増えることを意味し、決して悪い話ではない。

コラム　「ドコモワンタイム保険」に見る組み込み型保険のルーツ

組み込み型保険の肝は、ユーザーが置かれているコンテキスト（状況）を踏まえたベストのタイミングで適切な保険商品をオファーすることである。このコンセプト自体は決して新しいものではなく、ガラケー時代にも同様のコンセプト、かつ使い勝手のよい保険があった。ＮＴＴドコモが東京海上日動火災保険との提携によって、２０１０年４月から提供を開始した「ドコモ ワンタイム保険」である。「必要な時に」「必要な補償を」「必要な期間だけ」をコンセプトに、スポーツ・レジャー保険、ゴルファー保険、国内・海外旅行保険などを1日単位で提供するもので、携帯電話から申し込みができる。手続きは、iモードの専用サイトで「ネットワーク暗証番号」と生年月日を入力するだけで完了し、店舗への来店や申込用紙への記入は不要。利用料の支払いも月々の携帯電話料金と合算して請求するため、クレジットカード情報などを入力する必要もない。また、オートＧＰＳ機能を使って、ゴルフ場やスキー場、空港などにいる顧客に対してお勧めの保険商品をメールで案内する機能もあり、まさに組み込み型保険のコンセプトを先取りしたサービスであった。

　実は、このワンタイム保険は現在も提供が続いている。さすがにiモードからの申し込みは２０１９年11月で終了しているが、スマホから申し込みができるようになっている。10年以上前に開発された保険商品であるが、それだけ確固としたニーズがあり、開発時のコンセプトは間違っていなかったということを証明しているといえるだろう。

「循環型金融」を促進するメルカリ

二次流通市場発の独自の世界観を武器にエンベデッド・ファイナンスに参入しているのがフリマアプリを運営するメルカリである。２０１３年にフリマアプリの提供を開始し、２０２１年６月時点での月間アクティブユーザー数が１９５４万人を数えるまでになった同社は、本業の成長に合わせて金融サービスを効果的に追加しながら「循環型金融」の促進を目指している。１つずつ見ていこう。

（１）決済サービス「メルペイ」

２０１９年２月に提供を開始したメルカリアプリを使った決済サービスである。他の決済サービスと違って、メルカリユーザーであれば新たにアプリをインストールすることなく利用できる。非接触決済とＱＲコード決済の両方に対応しており、ｉＤ決済、あるいはメルペイコード決済に対応した店舗や、一部のネットショップで使用できる。

メルペイの特徴は銀行口座等からメルペイにチャージして利用できるだけでなく、メルカリの取引で手に入れた売上金やメルカリポイントを使ってメルペイ加盟店で買い物できる点である。メルペイがリリースされる以前、売上金やメルカリポイントは、「メルカリ内で商品を購入する」「現金として引き出して店舗での買い物に使う」の2通りの使い道しかなかった。しかも、売上金を現金化してメルカリ以外の買い物で使う場合、売上金の合計金額が1万円に満たないと210円の手数料がかかった。しかし、メルペイができたことによって、わざわざ手数料をかけて引き出さなくても普段の買い物で使えるようになったのである。

メルカリアプリ内にメルペイが組み込まれ、そこにメルカリの売上金も入金されるため、メルカリのヘビーユーザーであれば他のコード決済ではなくメルペイを使用したくなる。お金の「入口」と「出口」を用意することで、「メルカリ経済圏」の中でお金が循環するように非常にうまく設計されている。

(2) 後払いサービス「メルペイスマート払い」

さらに2019年4月には後払いサービスの機能を追加している。当初はその月に発生した利用金額を翌月にまとめて清算する「一括払い」のみであったが、2020年7月からは購入代金の清算を月々に分割可能な「定額払い」にも対応するようになった（注1）。これはいわゆるBNPLサービスで、30万円を上限としてメルカリでの商品購入代金に加え、全国のメルペイ加盟店や対応しているネットショップでの支払いでも利用できる。

メルペイスマート払いの特徴は、その与信の仕組みにある。利用限度額は一般的な金融システムで用いられている属性情報を元にした与信ではなく、「メルカリ」における利用実績等を元にした与信で決まるため、従来のクレジットカードの審査に通らなかった若年層でも通る可能性がある。

後払いサービスの導入によって、手持ちの現金に余裕がなく購入を迷っている消費者の背中を押し、購入金額の拡大も見込める。2020年11月からは定額払いに対して実質年率15％の手数料の徴収も開始し、さらに収益は向上するだろう。一方、消費者としては便利な半面、手数料に加えて定額払いの清算を延滞すると、一般的なクレジットカードのショッピング枠とほぼ同じ実質年率14・6％の遅延損害金が発生する。延滞情報は信用情報機関で管理する信用情報に履歴として残るため、注意が必要である。

（３）バーチャルカード

２０２１年３月にはMastercardオンライン加盟店でカード決済として利用できるバーチャルカードの提供も開始している。このカードはバーチャルカードであるため、プラスチック製のカードが発行されるのではなく、メルカリアプリ上からカード番号が即時に発行される。万が一の際もアプリ上で簡単に利用停止の操作を行うことができるというメリットがある。入会金・年会費は無料で、メルペイスマート払いの利用限度枠の範囲内で利用できる。

以前からメルペイはＥＣでも利用できたが、対応するネットショップは決して多くはなかった。このバーチャルカードの発行によって、Mastercardブランドのカードが使える多くのＥＣサイトで利用できるようになったため、利用頻度や利用金額の拡大が見込める（注２）。また、バーチャルカードの利用にはメルペイスマート払いの設定が必要であるため、スマート払いの利用拡大につなげる狙いもある。

（４）資産運用サービス「ふえるお財布」

図表4-3　メルカリ サステナビリティファンドの枠組み

個人投資家はファンズの子会社を通じてメルカリに貸付を行い、予定通りに運用が進み、満期になると元本と金利分が投資家に分配される

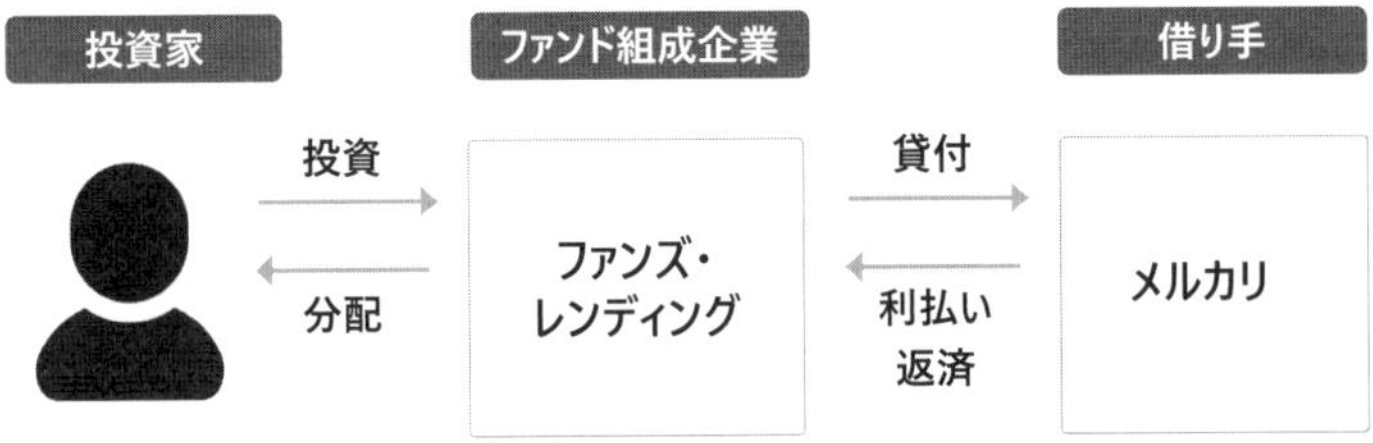

（出所）https://funds.jp/fund/detail/mercari02より、野村総合研究所作成

メルペイ残高を利用して資産運用ができるサービスである。２０２０年11月30日には貸付ファンドのオンラインマーケットを運営するファンズと協力し、個人がメルカリに間接的にお金を貸し付け、資産運用ができるファンド「メルカリ　サステナビリティファンド＃１」（**図表４－３**）を公開した（ファンドの販売勧誘はファンズが実施）。このファンドの予定利回りは年率２・０％、運用期間は約10カ月で、ファンドの出資金はメルカリに貸し付けられ、メルペイ事業の事業資金として利用される。また、投資金額に応じて最大９０００円分のメルカリポイントを還元するキャンペーンも行った。募集金額１億円で実施されたこのファンドは、申し込み受け付け開始からわずか41秒で完売するほどの人気を博した。２０２１年１月25日に公開した「メルカリ　サステナビリティファンド＃２」では、募集金額を２億円に増額したにもかかわらず、今度は公開後29秒

で募集金額に到達したという。

（5）少額融資サービス「メルペイスマートマネー」

さらに2021年8月には、20万円を上限とする少額融資サービス「メルペイスマートマネー」の提供も開始している。このサービスの特徴は2つある。

1つ目は、一般的なカードローンなどで用いられる年収や持ち家の有無、勤務先や勤続年数などの属性情報を元にした与信と異なり、メルカリやメルペイにおける利用実績や販売実績等を元に金利・利用限度額が決まる点である。金利は3～15%で、後払いなどの利用料を期日通りに支払っていたり、メルカリでの販売実績から予測される将来の販売傾向が好調であったりすれば金利は優遇される。

2点目は、申し込みから利用・返済までがメルカリアプリ内で完結する点である。申し込み前には適用金利や返済の見通しがアプリ内にわかりやすく表示され、利用中も利息を含めた返済額の合計が表示される。月々の返済日・返済額などの返済プランもアプリ上でいつでも変更できるため、利用状況やその時の支払い能力に応じて返済方法を柔軟に選択できる。返済方法は銀行口座からの自動引き落としのほかに、メルカリの売上金やポイントの充当にも対応している。

アプリ内で申し込みができることによって、普段からメルカリを頻繁に利用している消費者にとっては少額融資の申し込みを検討する際のファーストチョイスになるだろう。特にアルバイトなどで生計を立てているために従来の金融機関の与信に通らない消費者であっても、メルカリのヘビーユーザーで、なおかつトラブルなく利用していれば審査に通る可能性がある。

消費者が普段から利用しているサービスと同じ動線に金融サービスを組み込むというエンベデッド・ファイナンスのセオリー通りにサービスを実装しているといえる。

（注1）ただし、「定額払い」の利用には審査が必要になるため、誰でも使えるわけではない
（注2）ただし、実店舗では利用できない

メルカリが目指す循環型金融の姿

メルカリが今後の目指す姿として挙げるのが「循環型金融」というキーワードである。

同社はこれまでフリマアプリ「メルカリ」と決済サービス「メルペイ」を1つのサービスとして提供することによってモノとお金の流動性を高めてきた。

消費者はメルカリで不要品を販売して得た売上金やメルカリポイントを使ってメルペイ加盟店で新たな商品を購入し、不要になったタイミングで再度販売して売上金を手に入れるというサイクルができた。「ふえるお財布」では、メルペイ残高を利用した資産運用も可能になり、文字通り、お金を増やすことが期待できると同時に、お金はさらに循環するようになった。

モノとお金だけでなく、「メルペイスマート払い」の利用実績などによって得られた「信用」も循環する。この信用によって、「メルペイスマートマネー」の金利や利用限度額は変動し、返済状況によって信用も変化し続ける。返済にはメルカリの売上金も利用できるため、ここでも循環しているお金を利用できる。

このようにメルカリ経済圏の中で循環するモノ、お金、信用を適切に利用しながら、消費者が自分の欲しいモノを手に入れたり、自己啓発や自己投資を行い、好きなこと・やりたいことを叶えられたりするようになる、というのが同社が実現を目指す循環型金融の姿である（**図表4－4**）。

図表4-4　メルカリが目指す「循環型金融」のイメージ

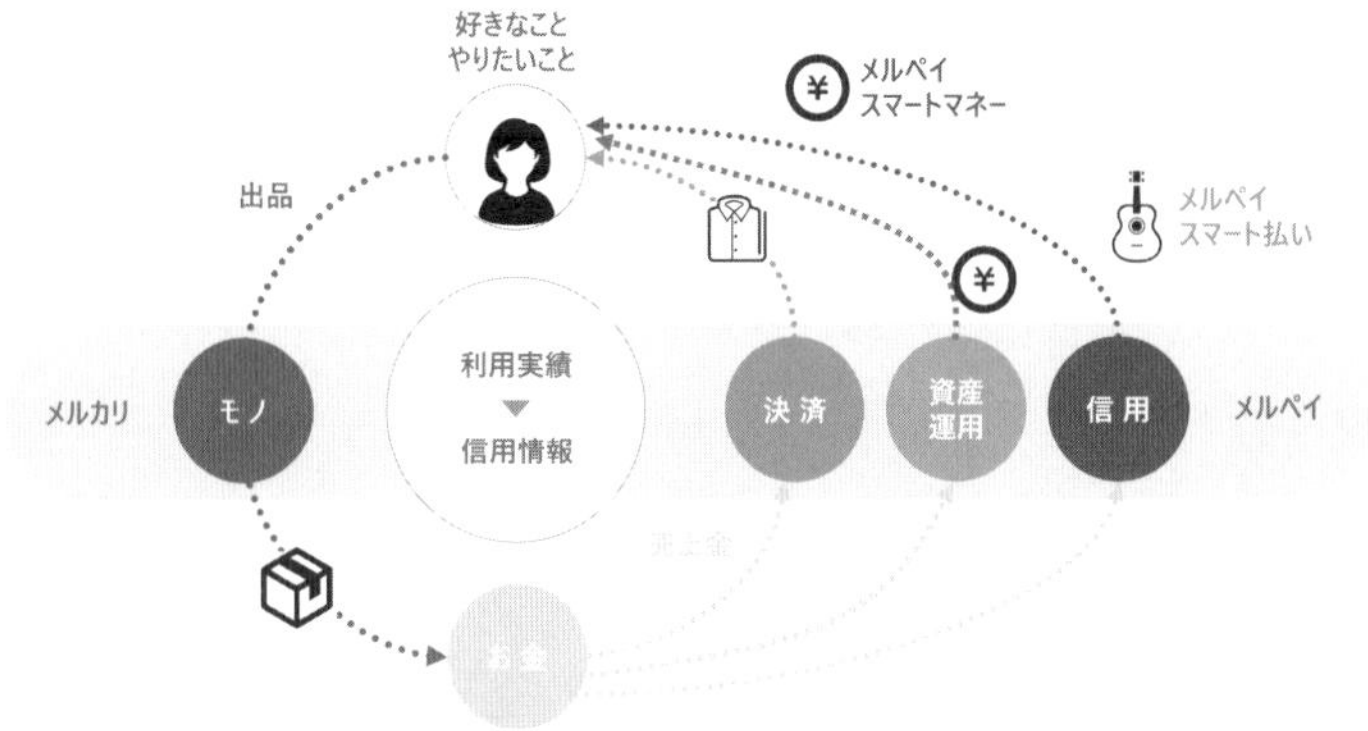

（出所）メルカリ「2021年６月期決算説明会資料」を元に野村総合研究所が一部改変して作成

店舗を持たないネット銀行がエンベデッド・ファイナンスの主役に

ここまで、Ｚホールディングスとメルカリという国内でも有数の顧客基盤を持つ事業会社のエンベデッド・ファイナンスの取り組みを解説してきた。Ｚホールディングスはグループ内に多くの金融サービス企業を抱えているため、これらの企業を有機的に結び付けることによってエンベデッド・ファイナンスを実現している。

一方のメルカリは、２０１７年に金融子会社のメルペイを立ち上げ、資金移動業や前払式支払手段発行業、クレジットカード番号等取扱契約締結事業、包括信用購入あっせん業、貸金業などのライセンスを次々と取得し、極めて戦略的に金融サービスを展開している。いずれも自社グループ内でライセンスホルダーを有しているため、外部の銀行等と提携することなく、迅速にエンベデッド・ファイナンスを立ち上げることに成功している。

この2社はエンジニアの採用に注力してきたことも、迅速なサービス立ち上げに貢献しているといえるだろう。特にメルカリは外国人エンジニアの採用にも積極的であるほか、メルカリの創業者で社長の山田進太郎氏が30億円の私財を投じてD&I（ダイバーシティ・アンド・インクルージョン）をテーマにした財団を立ち上げ、STEM（理系）領域に進む女子中学生を対象にした奨学金事業を開始したことも大きな話題となった。初年度となる2022年度は、国内の高校理数科、高専、スーパーサイエンスハイスクールを受験して入学予定の女性100名（最大）を対象に、年額25万円（国公立）、もしくは50万円（私立）を提供するというもので、中長期的に女性エンジニアを増やすことが目的のようにも見て取れる。

ただし、この2社は日本の事業会社の中ではどちらかといえば少数派であろう。強力なエンジニア組織や有力な金融子会社を持たない事業会社がエンベデッド・ファイナンスに参入する場合は、一部の銀行やフィンテック企業が提供を開始しているBaaSを利用するのが近道となる。

現在、国内においてＢａａＳの提供に積極的なのがインターネット専業銀行である。もともと駅前の一等地に支店を構える必要のなかったネット銀行は、デジタル時代を迎える中で店舗の統廃合に頭を悩ませる必要もなく身軽に動ける。また、デジタル時代でも顧客との直接の接点を保持し、プレゼンスを維持したいメガバンクと異なり、黒子に徹することに躊躇がないようにも映る。

住信ＳＢＩネット銀行が強力に推進するNEOBANK

ネット銀行の中でも強い存在感を放っているのが住信ＳＢＩネット銀行である。２０１６年３月に国内の銀行の中ではいち早くＡＰＩを公開してフィンテック企業との連携を推進してきた同行は、「NEOBANK」と呼ぶＢａａＳの提供を通じ、事業会社と一体となってエンベデッド・ファイナンスの実現に向かってまい進している。

NEOBANKは、パートナーとなる事業会社が同行の持つ銀行機能の中から必要な機能だけを選んで利用できるようにしており、すでにＪＡＬ、カルチュア・コンビニエンス・

クラブ（ＣＣＣ）、ヤマダホールディングスなどとの協業が発表されている。

（1）ＪＡＬとの協業

２０１８年11月にＪＡＬグループと共同でＪＡＬペイメント・ポート株式会社を立ち上げ、ＪＡＬマイレージバンク会員を対象に、マスターカードブランドによるマイレージ機能が付いたトラベルプリペイドカード「JAL Global WALLET」をリリースしている。これは決済機能と両替機能を備えたプリペイドカードをサービスとして提供するものである。

さらに２０２０年4月からは、ネット銀行口座「JAL NEOBANK」の提供も開始している。このサービスもＪＡＬマイレージバンク会員を対象にしており、アプリの中で円貨預金や外貨預金などの預金機能や、振込や振替といった決済機能が完結し、取引に応じてマイルをためることができる。２０２１年7月からは住宅ローンの取り扱いも開始し、借入金額に応じてマイルがたまる点が特徴である。

（2）ＣＣＣとの協業

２０２１年3月には、ＣＣＣ傘下のＴマネーと、Ｔ会員専用の銀行サービス「T

NEOBANK」の提供を開始している。預金、決済、融資などの銀行機能を備えるだけでなく、給与受け取りや馬券（中央競馬、地方競馬）、車券（競輪）購入などの取引でTポイントがたまる点が特徴である。ためたポイントはカードローンの随時返済やスポーツくじの購入、あるいはTポイントを円普通預金へ振替えた後に、再度馬券や車券の購入に使える。このため、競馬、競輪、オートレースなどの公営競技やスポーツくじが趣味で、Tポイントを熱心にためている消費者であれば、口座開設を検討する価値があるだろう。

「T NEOBANK」は住信ＳＢＩネット銀行の専用支店という位置づけであるため、「T NEOBANK」に口座を開設する消費者が増えれば、それは住信ＳＢＩネット銀行の利用者が増えることを意味する。すなわち、住信ＳＢＩネット銀行にとってはT会員を取り込めることになり、新たな顧客層へのリーチというエンベデッド・ファイナンスの目的が達成される。

（3）ヤマダホールディングスとの協業

２０２１年7月からはヤマダホールディングスの金融子会社であるヤマダファイナンスサービスを通じて、ヤマダホールディングスの「ヤマダデジタル会員」を対象とした「ヤマダNEOBANK」の提供も開始している。こちらもアプリの中で預金や振込・振替、融資などの銀行取引やサービスが完結するほか、口座開設で発行されるデビットカードとキャッシュカードが一体となった「ヤマダNEOBANKデビットカード」や、ヤマダNEOBANK口座を引落口座に指定した「ヤマダＬＡＢＩカード」を使ってヤマダデンキの店舗で買い物するとヤマダポイントがたまるようになっている。

ヤマダホールディングスでは主力の家電だけでなく、住宅なども含めて「暮らしまるごと」を提案する戦略を掲げており、２０１９年に大塚家具を、２０２０年には木造住宅やリフォーム事業を手掛けるヒノキヤグループを傘下に収めている。銀行サービスの提供によって高額になりがちな家具やリフォーム資金の工面をサポートできれば、購入を躊躇している消費者の背中を押すことができる。

そのため、ヤマダNEOBANKユーザー専用の住宅ローンでは、家具や家電もローンに組み込めるようになっている。住宅の購入やリフォームを機に、家具や家電の買い替えを検討する消費者は多い。購買意欲が最大限に高まっているタイミングでこうしたローンをワンストップで提案できれば、成約につながる可能性は高くなることだろう。

図表4-5　住信SBIネット銀行と事業会社の提携によるエンベデッド・ファイナンスの例

提携企業	サービス名	概要
日本航空（JAL）	「JAL Global WALLET」「JAL NEOBANK」	「JAL Global WALLET」は海外で使える多通貨プリペイドカード。「JAL NEOBANK」はJALマイレージバンク会員を対象とした銀行サービスで、口座を開設すると振込や外貨預金、住宅ローンなどを利用可能で、利用状況に応じてマイルもたまる。
Tマネー（CCC）	「T NEOBANK」	T会員限定で口座開設ができる住信SBIネット銀行の専用支店。給与受取や馬券購入などの取引でTポイントがたまり、ためたポイントはカードローンの随時返済やスポーツくじの購入などに使える。
ヤマダファイナンスサービス（ヤマダホールディングス）	「ヤマダ NEOBANK」	ヤマダホールディングスの「ヤマダデジタル会員」を対象とした銀行サービス。口座を開設すると、振込や外貨預金などのサービスが利用できるほか、ヤマダデンキ店舗の買い物時に専用デビットカードで決済すると利用総額の0.5％相当のヤマダポイントがたまる。
おうちリンク（オープンハウス）	「おうちバンク」	オープンハウスグループの住宅購入ユーザーを対象とした銀行サービス。おうちリンクは「でんき」「ガス」「ネット」など対象サービスを利用すると、利用料金に応じて、ポイントがたまるサービス。「おうちバンク」はおうちリンクと連携して、口座振替、外貨預金などのサービスを提供。

（出所）各社発表資料より、野村総合研究所作成

住信ＳＢＩネット銀行の提携スキーム

図表４－５に、２０２１年８月に発表された不動産会社オープンハウスの子会社であるおうちリンクとの提携も含めて、住信ＳＢＩネット銀行と非金融の事業会社とのパートナーシップによるエンベデッド・ファイナンスの概要をまとめた。

同行の一連の取り組みから見えてくるのは、まず一定の顧客基盤を抱える事業会社がパートナーとなっていることだ。これは「事業会社への金融機能の提供を通じて、より多くの顧客層へリーチする」という金融機関がエンベデッド・ファイナンスに取り組む目的からして当然のことだろう。

次に、パートナーとなる事業会社に対しては「銀行代理業」の「許可」を得られるようにサポートする。日本

において組み込み型銀行のスキームで事業を行うためには、事業会社が内閣総理大臣（管轄財務局長）に銀行代理業の許可を申請して許可を得る必要がある。金融商品仲介業や生命保険募集人・損害保険代理店などは「登録」で済むのに対して、銀行代理業の場合は「許可」が必要とされており、類似する他の制度に比べて規制が厳しく、許可を得るための基準も厳しい。

　そして、許可が得られたらパートナー企業と銀行代理店契約を締結し、銀行代理業を営むのに必要な金融サービスをＢａａＳとして提供する。事業会社は自ら銀行免許を取得するのに比べて、手間も時間もコストも抑えつつ、銀行と同レベルの高いセキュリティ機能を備えた自社ブランドの金融サービスの提供が可能になる。

　一連の取り組みでは、ＪＡＬペイメント・ポート、Ｔマネー、ヤマダファイナンスサービス、おうちリンクといった各事業会社の金融子会社が住信ＳＢＩネット銀行を所属銀行とする銀行代理業者の扱いとなる。

　事業会社としては、自社アプリの利用促進と金融取引に応じて付与するポイントによる顧客の囲い込み強化だけでなく、住宅ローンなどの提供によって顧客と長期的な関係を構築・維持することができるようになる。

住信ＳＢＩネット銀行から見ると、各NEOBANKはそれぞれ「ＪＡＬ支店」「Ｔポイント支店」「ヤマダネオバンク支店」「おうちバンク支店」というように同行の支店の位置づけとなっている。つまり、ＪＡＬマイレージバンクやＴポイントなどの各事業会社が運営するマイレージやポイントプログラムの会員を新たな顧客として取り込める可能性があるため、顧客数を飛躍的に伸ばすことが期待できる。たとえば、ＪＡＬマイレージバンク会員は約３０００万人、Ｔポイント会員は約７０００万人、ヤマダデジタル会員は６０００万人という顧客基盤を有している。

事業会社はそれぞれのブランドのもとでNEOBANKを運営するため、エンドユーザーは住信ＳＢＩネット銀行の口座やサービスを使っていることには気づかないかもしれない（もちろん、利用規約等をきちんと読めばわかるようになっている）。しかし、着実に同行のユーザーは増えることになる。これはまさに黒子に徹しつつも実を取る、ＢａａＳの威力といえるだろう。

ハウスメーカー、ゼクシィ経由で住宅ローンを提供

住信ＳＢＩネット銀行ではNEOBANKを通じた預金、振込・振替、融資などの総合的な銀行機能の提供だけでなく、銀行代理店契約を結んだパートナーに対し、住宅ローン単体の提供も行っている。

たとえば、「ヘーベルハウス」ブランドで住宅事業を展開する旭化成ホームズの子会社である旭化成ホームズフィナンシャルとは、２０１９年2月に銀行代理業委託契約を締結し、提携住宅ローンの販売を開始している。２０２１年1月にはＬＩＸＩＬ住宅研究所とも契約し、同社のフランチャイズブランドであるアイフルホームなどの新築住宅購入者向けに提携住宅ローンを提供している。同社は、「住宅に関わるすべてについてワンストップで提供する」というコンセプトを掲げており、住宅ローンの相談窓口を開設し、住宅の購入者向けに住宅ローンも一緒に提案するという、まさにエンベデッド・ファイナンスを具現化したサービスを展開している。

また、ブライダルに関する総合情報サービス「ゼクシィ」を運営するリクルートゼクシィなびとも提携しており、横浜と大阪・梅田のゼクシィ保険ショップではフィナンシャル

アドバイザーに相談の上、住宅ローンの申し込みができるようになっている。住宅ローンの申し込みに伴う保険の見直しにも対応しており、こちらはゼクシィならではの「結婚に関わるすべてについてワンストップで提供する」といったところである。

結婚を機に保険に加入したり、住宅の購入を検討したりする消費者は少なくない。ゼクシィ保険ショップ自体が、もともとそうしたニーズに応えるために２０１０年に生まれた店舗であり、保険の募集代理店として23社90以上の保険商品を扱っている。リクルートゼクシィなびは、ワンストップサービスをさらに充実させるために銀行代理業の許可を得て住宅ローンも取り扱えるようになった。今後、前述した金融サービス仲介業に登録すれば、さらにビジネスはやりやすくなるだろう。

土管化を厭わないＧＭＯあおぞらネット銀行

あおぞら銀行とＧＭＯインターネットが共同出資して設立されたＧＭＯあおぞらネット銀行もＢａａＳの提供に熱心なネット銀行である。事業を開始したのは２０１８年７月とネット銀行としては最後発になるが、「Ｎｏ．１テクノロジーバンクを目指す」を経営理念に掲げ、従業員の約40%がエンジニアという非常にユニークな銀行である。同行はその利点を生かしてシステム開発の内製化を進めているほか、銀行ＡＰＩの公開にも積極的だ。

本稿執筆時点で残高照会や入出金明細照会、振込状況照会や振込依頼など24種の「スタンダードＡＰＩ」を無償で提供しているほか、本人確認や即時振込などの高度なＡＰＩについては、有償の「オプションＡＰＩ」として提供している。２０２１年6月末時点で、飲食、不動産、小売などさまざまな業種の企業１３７社が同行とＡＰＩ接続契約を結んでいるという。

２０２１年7月に公表した中長期における事業戦略では、３つの柱として「スモール＆スタートアップ向け銀行Ｎｏ．１」「組込型金融サービスＮｏ．１」「テックファーストな銀行Ｎｏ．１」を掲げている。

中でも注目は組み込み型金融サービスだ。これは以前から提供してきた「ＡＰＩ連携サービス」や銀行機能を細分化してパーツで提供する「プラットフォーム銀行サービス」を「かんたん組込型金融サービス」と名称変更して提供するものである。単に銀行ＡＰＩを公開して終わりではなく、同行のエンジニアとコンサルタントが、エンベデッド・ファイナンスに取り組もうとする事業会社のニーズを把握した上で最適な銀行機能の組み合わせを提案するもので、スピーディに金融機能を事業に組み込みたい事業会社をサポートする。

銀行パーツのマーケットプレイスを開設

同行は銀行ＡＰＩの利用を推進するために以前から「スナバー（sunabar）」と呼ぶ実験環境を提供してきた。スナバーはＡＷＳ上に構築されており、ＡＰＩの接続契約を結んでいなくても、同行の口座を開設するだけで口座照会、振込・振替、総合振込などさまざまなＡＰＩを無料で試すことができる。個人・法人問わず利用可能であり、公開されているＡＰＩを使って、実際に動く新しいサービスのプロトタイプを作ることができる。

これに加えて、２０２１年8月からは「イチバー（ichibar）」と呼ぶ、銀行パーツのマーケットプレイスも開設している。イチバーは市場＝ichiba（イチバ）と交流の場＝bar（バー）を掛け合わせた造語で、AWS Marketplace 上に設置され、エンジニアは自身の開発アイデアを元に作成したアプリやシステムを自由に出品できる（**図表4－6**）。

同行の狙いはスナバーとイチバーの設置によって、エンベデッド・ファイナンスのアイデアの創生から市場での本番テストまでを一気通貫でサポートすることである。最終的に

図表4-6　GMOあおぞらネット銀行が展開する「sunabar（スナバー）」と「ichibar（イチバー）」

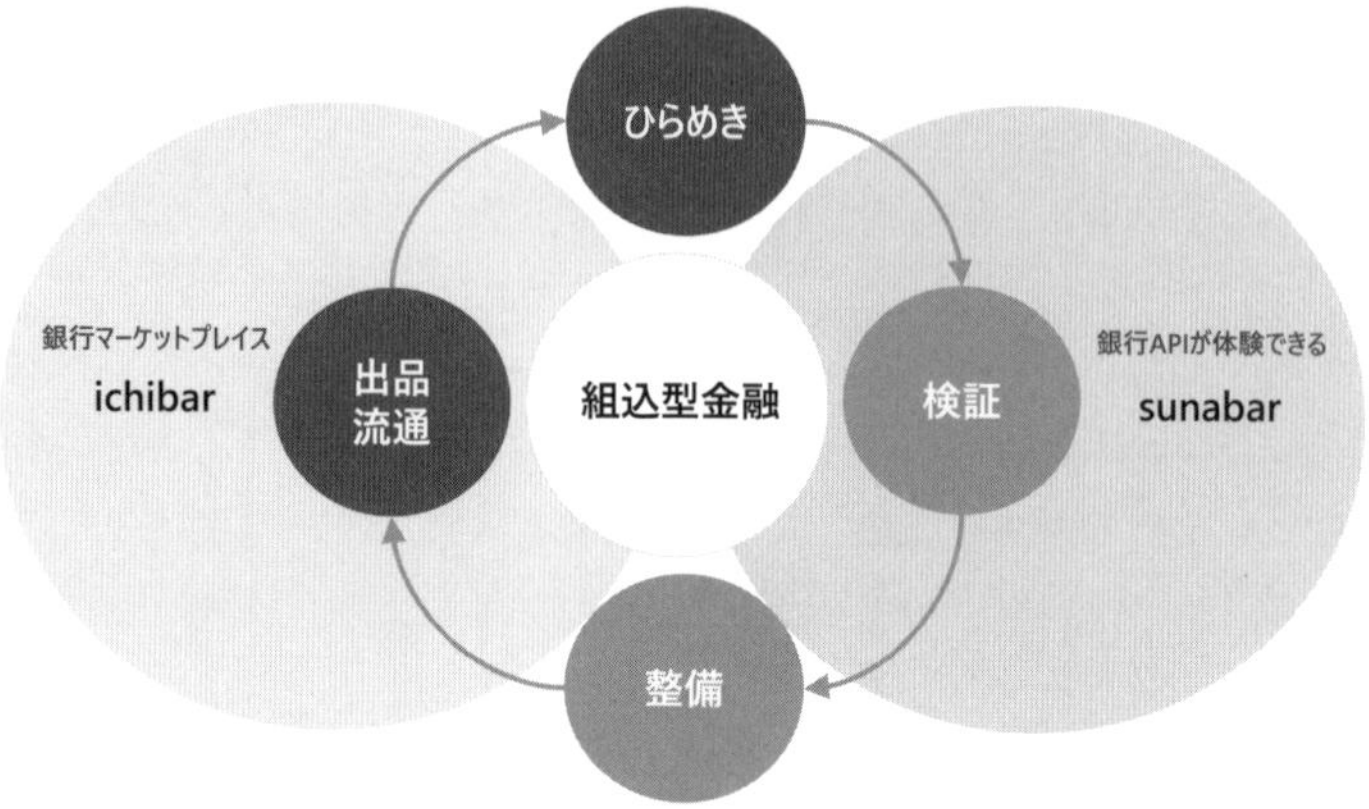

（出所）GMOあおぞらネット銀行プレスリリース（2021/7/6）https://gmo-aozora.com/news/2021/20210706-02.html より野村総合研究所作成

目指しているのは、参加者が金融機能のパーツをスナバーで自由に開発し、エンベデッド・ファイナンスに取り組む事業会社がイチバーで必要なパーツを購入し、自社のサービスに組み込んで新たなサービスを開発する姿であろう。

新生銀行のＢａａＳはパートナーも参加可能なプラットフォームを指向

銀行によるＢａａＳの提供では、住信ＳＢＩネット銀行とＧＭＯあおぞらネット銀行の動きが目立つものの、この2行とは少し違った発想でＢａａＳを提供しているの

図表4-7　新生銀行グループが提供するネオバンク・プラットフォーム「BANKIT」のイメージ

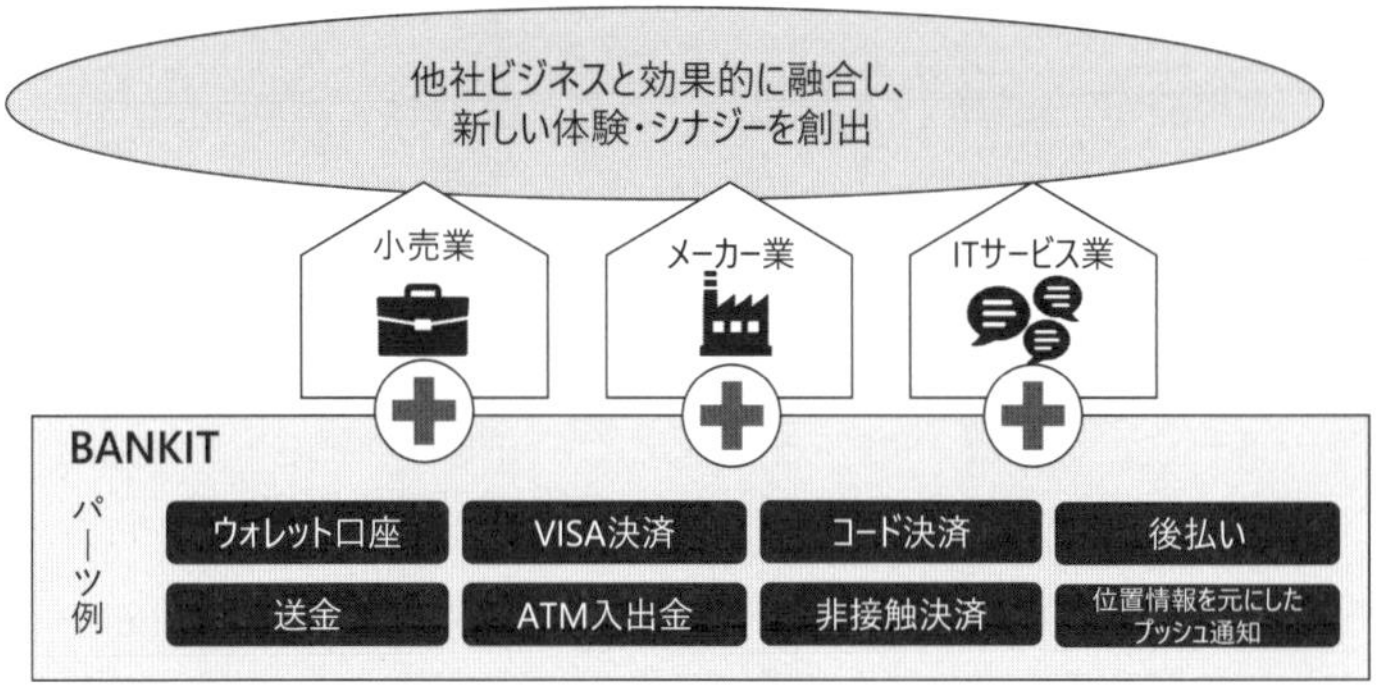

（出所）新生銀行の資料を元に野村総合研究所作成

が新生銀行グループである。

　新生銀行は、資金移動業および前払式支払手段発行業の登録があるグループ企業のアプラスを事業主体として、２０２０年３月から「ＢＡＮＫＩＴ（バンキット）」と呼ぶＢａａＳを提供している。これは、金融・決済事業へ参入する事業会社に対して、新生銀行グループが有する決済や為替、与信などの金融機能をＡＰＩの形で提供するものである。すでにウォレットやカードレスＡＴＭ入出金、送金、ＱＲコード決済、ＶＩＳＡ決済などの機能を揃えており、小売やメーカー、ＩＴサービスなどの事業会社は自社の事業内容に合わせて必要なものだけをピックアップしたり、いくつかの機能を組み合わせて利用したりできる（**図表４－７**）。

ここまでであれば、先行するサービスと大きな差はないが、ＢＡＮＫＩＴのサービスの特徴として次の2点が挙げられる。

(1) 口座開設が不要

住信ＳＢＩネット銀行とＧＭＯあおぞらネット銀行のサービスでは、ユーザーは銀行口座を開設する必要があったが、ＢＡＮＫＩＴでは口座を作らなくてもサービスを利用できる。このため、銀行口座を作りにくい在留外国人等も利用できる。

(2) パートナー企業も機能の追加が可能

もう1つの大きな特徴は、単に自行が保有している金融機能のＡＰＩを提供するだけでなく、フィンテック企業など他社の金融機能もＢＡＮＫＩＴに搭載できるようにしている点である。これは、ＢＡＮＫＩＴが多様なプレイヤが参加できるプラットフォームになることを意味する。すでにインフキュリオンやアイリッジなどのフィンテック企業との提携が公表されている。

インフキュリオンはＱＲコード決済に対応したウォレット機能「ウォレットステーショ

ン」を、アイリッジは位置情報等を活用したクーポン配信やプッシュ通知などによって顧客ロイヤリティの向上を目指すマーケティングプラットフォーム「FANSHIP」を提供している。

ＢａａＳを推進するフィンテック企業

金融サービスの次なるフロンティアとしてエンベデッド・ファイナンスに狙いを定めているのは、既存の銀行だけではない。国内のフィンテック企業もエンベデッド・ファイナンス時代の到来を見越してＢａａＳの提供を開始している。

その筆頭は２０１３年設立のフィナテキスト（Finatext）ホールディングスである。「金融を〝サービス〟として再発明する」をミッションに掲げ、「金融がもっと暮らしに寄り添う世の中」の実現を目指している同社は、エンベデッド・ファイナンスの実現そのものをミッションとしているフィンテック企業だといえるかもしれない。

同社はまず子会社のスマートプラスを通じて、２０１９年に証券サービスの提供を希望する企業向けに「ＢａａＳ（Brokerage as a Service）」事業を立ち上げた。これは証券サービスに必要となるバックエンドのインフラシステムをサービスとして事業者に提供する仕組みであり、独自開発する場合に比べ、低コストかつ短期間での証券サービスの立ち上げを可能にするものである。

スマートプラスは金融商品取引業者（証券会社）のライセンスを保有しているため、ＢａａＳを活用する事業者は金融商品仲介業のライセンスを取得するだけでサービスを展開できる（証券サービス自体はスマートプラスが提供）。また、各顧客のマイページから口座開設を行うことで入力項目を減らすといった、事業者側の顧客基盤とのシームレスな連携や、事業者が提供しているオンラインサービスとの統合によって別アプリに移動することなく、有価証券の購入を可能にするといったこともできるようになっている。

すでに２０１９年11月にはクレディセゾンと協業し、セゾンカード、あるいはＵＣカードでつみたて投資が可能な証券サービス「セゾンポケット」を開発したほか、２０２０年11月には、ＡＮＡのグループ会社で顧客資産事業を担うＡＮＡＸと連携し、スマートフォン投資サービス「Wealth Wing（ウェルスウィング）」の提供も開始している。

さらに、２０２０年9月からは次世代型デジタル保険を含むさまざまな保険商品をスマートフォンアプリなどのデジタルサービスに組み込んで販売可能にするクラウドサービス

図表4-8　Finatextの「Inspire」

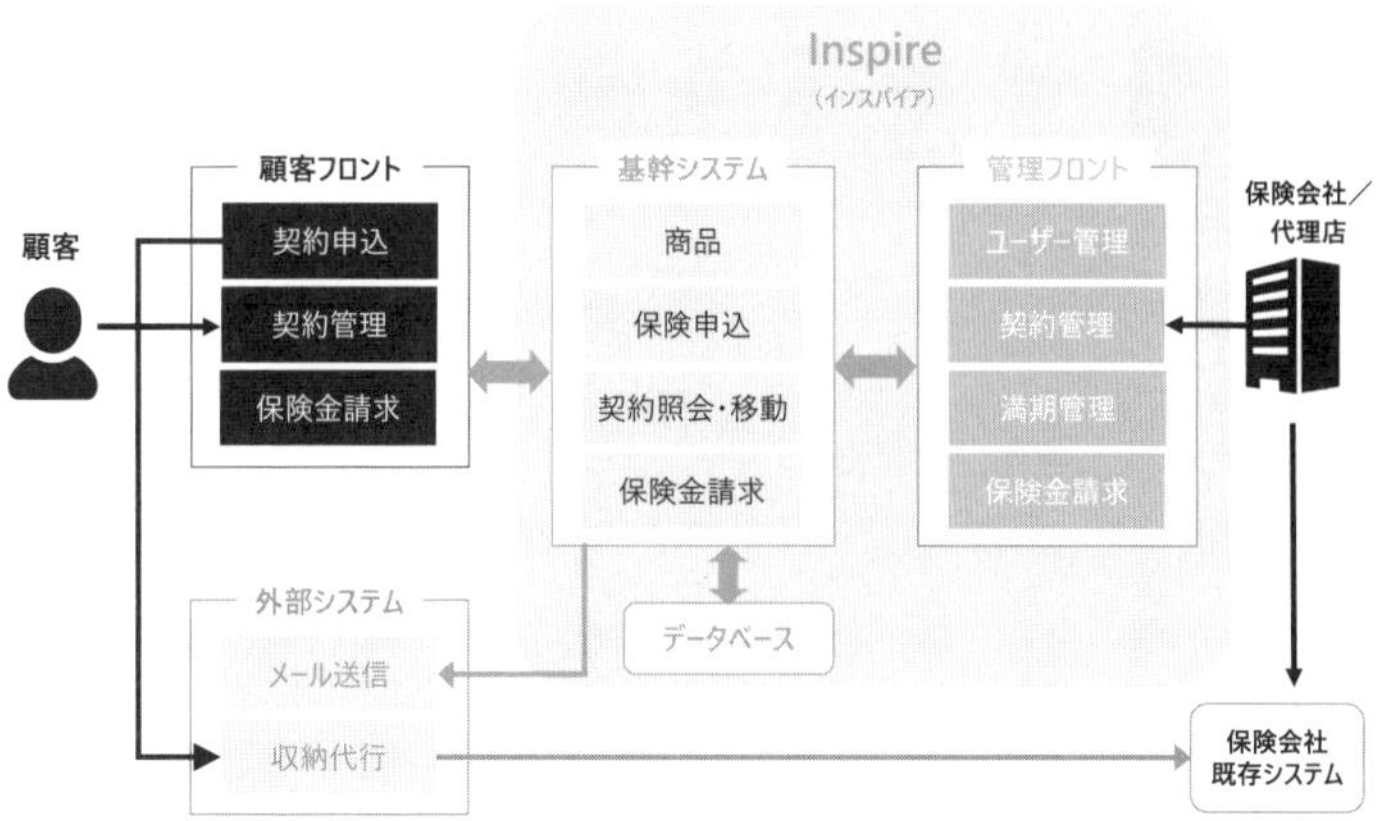

（出所）https://finatext.com/solution/industry/inspire/

「インスパイア（Inspire）」（**図表４－８**）の提供も開始している。インスパイアもＢａａＳ同様に、事業者が保険商品の提供・管理を短期間かつ低コストで行えるように、必要な各種機能をＳａａＳとして提供するものである。こちらも既存の顧客基盤とのデータ連係によって保険契約時の情報入力を最少化し、「数クリックで保険を契約する」といった顧客体験の実現を可能にしている。

　２０２１年１月には、あいおいニッセイ同和損保がインスパイアを活用して「デジタル募集基盤」（**図表４－９**）をフィナテキストと共同開発したことを発表している。これは多くの顧客を有する事業会社との協業を念頭に、事業会社のアプリやウェブサービスと連携可能な保険

図表4-9　あいおいニッセイ同和損保の「デジタル募集基盤」のイメージ

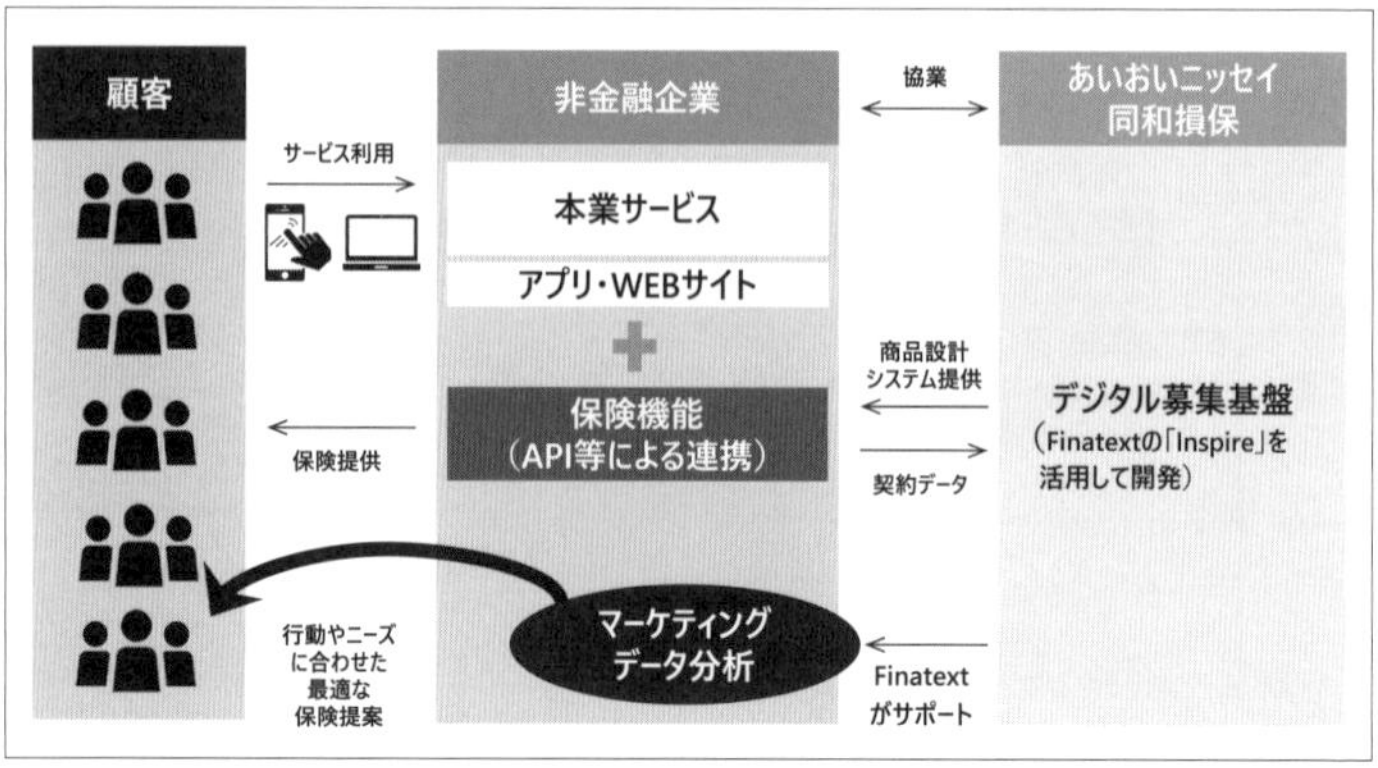

（出所）あいおいニッセイ同和損保のニュースリリース（https://www.aioinissaydowa.co.jp/corporate/about/news/pdf/2021/news_2021011900801.pdf）を元に筆者作成

商品を提供できるようにするための基盤であり、組み込み型保険を想定して開発されたものといえる。

これを使えば、事業会社のアプリやウェブサービスの一連の操作に、保険の加入導線を埋め込むことが可能となる。たとえば旅行の予約手続きと同時に旅行保険を募集し、申し込む場合は予約時の氏名や住所の情報を自動で取り込み、顧客の入力負荷が軽減されるようになる。

保険商品も提供

フィナテキストとあいおいニッセイ同和損保の2社は、2019年4月に「スマートプラス少額短期保険」という少額短期保険業を営む会社も共同出資によって設立しており、この会社を通じて2021年7月には「サービス組み込み用 キャンセル保険」の提供を開始している。この保険は、旅行や航空券などの事前予約型のサービスを提供する事業者向けにキャンセル料を補償する「キャンセル保険」を自社のサービスに組み込めるようにするソリューションである。前述したインスパイアをベースに、保険販売に必要なシステムをフィナテキストが開発する。両社は外出を伴う飲食やレジャーなどで、コロナ禍によってキャンセルリスクによる機会損失が発生しているという想定のもと、事業者がサービスとキャンセル保険をセットで提供できれば、キャンセル料を懸念して予約を躊躇している消費者の背中を押せると考えた。

この保険は旅行や航空券用はもちろん、コンサートチケット、テーマパークチケット、レストランなど、キャンセル料が発生するさまざまなサービスに対応できる。さらにキャンセル事由として、病気やけがによる通院・入院のほか、宿泊療養や自宅療養、外出自粛要請による外出取りやめなど、コロナウイルス関連も補償対象に含められる点が特徴である。事業者はサービスの予約導線内に保険の申し込み機能を組み込むことで、サービスの予約代金と保険料の支払いを一括で受け付けるなど、サービスと保険が一体となったシームレスな顧客体験を提供できるようになる。

　２０２１年9月には第1弾として、全国１６００以上の宿泊施設に宿泊予約システム「予約番」を提供している株式会社キャディッシュと「宿泊予約キャンセル保険」を共同開発し、一部の旅館・ホテルでトライアルを実施することを発表している。

インフキュリオンの積極的な動き

　２００６年設立のインフキュリオンも積極的にＢａａＳ事業に参入している国内フィンテック企業の1社である。設立当初はクレジットカード会社などの決済事業者と加盟店を接続するために必要となる決済端末・決済アプリ・決済センターなどの加盟店ソリューションが主力事業であったが、２０１６年12月に子会社のネストエッグを通じて自動貯金アプリ「フィンビー（finbee）」をリリースしてからは、フィンテック事業に力を入れている。

　２０１８年には、「ウォレットステーション（Wallet Station）」というＢａａＳの提供を開始している。これは、金融機関や商業施設・サービス事業会社がオリジナルのウォレットを構築したり、既存アプリに機能をカスタマイズして組み込んだりできるプラットフォームサービスである。ウォレットアプリからＱＲコード決済やウォレットのユーザー間送金ができるほか、クーポンサービスや後払い、前述したフィンビーとの連携による自動貯金などさまざまな機能拡張も可能である。

ウォレットステーションは先に述べた通り、新生銀行のＢＡＮＫＩＴに機能提供しているほか、りそな銀行の「りそなウォレットアプリ」や鹿児島銀行のスマホ決済アプリ「Ｐａｙどん」などで採用されている。

現状では金融機関向けが先行

フィナテキストとインフキュリオンの例からわかるように、現状ではフィンテック企業が提供しているＢａａＳのユーザーは必ずしも非金融企業というわけではなく、むしろ金融機関が多い。日本の場合、メガバンクなど一部の大手金融機関を除いてはデジタル化が遅れており、そうした金融機関はフィンテック企業との提携によってデジタルサービスの提供を推進するしかない。

一方のフィンテック企業もＢｔｏＣ向けの事業では苦戦を強いられている。知名度の低さがネックとなり、幅広いユーザーに受け入れられるサービスを提供できているのは、ごく一握りであり、顧客獲得のためのマーケティングコストもかさむ。このため、最近では方向転換してＢｔｏＢ、特に既存金融機関向けのサービス提供に舵を切るケースも出てきている。

たとえば、インシュアテック分野のスタートアップであるjustInCase（ジャストインケース）である。同社はこれまで加入者同士で保険金を割り勘する「わりかんがん保険」や、スマホに内蔵されているセンサーによってスマホの扱い方を「安全スコア」として数値化し、スコアが高いほど保険料が割引になる「スマホ保険」など、少額短期保険業者としてユニークな個人向けの保険商品を展開してきた。しかし、２０２１年１月からは保険会社向けにＳａａＳ型のデジタル保険基盤「Ｍａｓｔｅｒ（マスター）」（現「ｊｏｉｎｓｕｒｅ（ジョインシュア）」）の提供を始めている。

ジョインシュアは、「保険システム基盤」「アプリ基盤」「マーケツール基盤」という３つの基盤で構成され、保険会社が自社の保険商品を優れたＵＸでデジタル販売したり、保険商品の迅速なリリースをサポートしたりするものである。すでに、東京海上日動火災保険やジェイアイ傷害火災保険などが採用している。一般消費者向けの保険商品の提供・開発から撤退するわけではないが、今後はイネーブラーとして保険会社向けのビジネスに注力していく方針を打ち出している。

また、２０２１年８月にＳＢＩホールディングスによる買収が発表された、テーマ投資サービスやロボアドバイザーを提供するＦＯＬＩＯ（フォリオ）も、２０２１年１月にＳａａＳ型の投資一任運用基盤「４ＲＡＰ（for Robo Advisor Platform）」を発表している。これは、金融機関向けにロボアドバイザーとファンドラップ（ラップ口座）などの投資一任契約による資産運用機能を提供するものであり、金融機関は自社のホームページやアプリ上で顧客の口座をそのまま利用しながら資産運用サービスの提供ができるようになる。ＦＯＬＩＯも一般消費者向けの事業から撤退するわけではないが、４ＲＡＰの提供を通じて金融機関向けに事業の軸足をシフトしたように見える。

こうして見ていくと、日本国内ではデジタル化のノウハウがなく、なるべく基幹系システムに手を入れずにデジタル化を推進したい既存金融機関と、優れたＵＸを持つデジタルサービスを保有してはいるものの、マーケティングに多額のコストをかけられず、集客力の弱いフィンテック企業との間でウィンウィンの関係が成立しているように感じられる（注１）。

（注1）ロボアドバイザーサービスの場合は、「投資運用業」「投資助言・代理業」や「第一種金融商品取引業」「登録金融機関」などのライセンスが必要になるため、こうしたライセンスを保有している銀行や証券会社などの資産管理業者との親和性が高いという事情もある。

国内初のデジタルバンクも参入

ここまで紹介してきた以外でＢａａＳの提供に名乗りを上げている企業としては、ふくおかフィナンシャルグループで「国内初のデジタルバンク」を標榜するみんなの銀行が挙げられる。デジタルネイティブ世代を主なターゲットとして、２０２１年５月から個人向けサービスの提供を開始した同行は、口座開設からＡＴＭ入出金、振込など、すべてのサービスがスマートフォン上で完結するスマホ専業銀行である。国内の銀行としては初めて勘定系システムにパブリッククラウド（グーグル・クラウド）を採用したことでも話題となった。

同行はサービスコンセプトの１つとして、「暮らしと隣接した様々な消費・購買と金融

図表4-10　国内の主なBaaS提供企業

領域	提供主体	サービス名称	概要
銀行	住信SBIネット銀行	NEOBANK	決済や預金、貸出などの銀行機能のうち、パートナー企業が必要なものだけをAPIを通じて提供。パートナー企業の銀行代理業ライセンス取得もサポート。JAL、CCC、ヤマダホールディングスなどと協業し、NEOBANKを立ち上げ済み。
銀行	GMOあおぞらネット銀行	かんたん組込型金融サービス	銀行機能をパーツ化してAPIを通じてホワイトレーベルとして提供。事業会社は自社ブランドの世界観を実装した専用カードなどを発行可能。銀行APIの実験環境の提供など、エンジニアフレンドリーな開発環境が特徴。
銀行	アプラス（新生銀行グループ）	BANKIT	ウォレットやカードレスATM入出金、送金、QRコード決済などの金融サービスをAPIを通じて提供。自社の金融機能を提供するだけではなく、フィンテック企業など他社の金融機能もBANKITに搭載できるようにしている点が特徴。
銀行	りそなホールディングス、NTTデータ、日本IBM	金融デジタルプラットフォーム（仮称）	APIを介して、決済、資産運用、データビジネス、本人認証などのサービスを提供。りそなグループをはじめとした金融機関、フィンテック企業、一般事業者、地方自治体など利用組織が相互接続可能なオープンなインフラを目指す。
銀行	みんなの銀行（ふくおかフィナンシャルグループ）	Minna no BaaS（みんなのBaaS）	消費者向けに開発した「みんなの銀行アプリ」の金融機能やサービスを、ビジネスパートナー向けにAPIを通じて提供。パートナー企業は必要な機能やサービスだけをスマートフォンアプリなどに組み込むことが可能。
銀行	インフキュリオン	ウォレットステーション	バーコード決済を中心に、個人間送金、デジタル商品券、後払いなどの機能を持つBaaSを提供。りそな銀行の「りそなウォレットアプリ」や鹿児島銀行のスマホ決済アプリ「Payどん」などで採用済み。「BANKIT」とも提携。
証券	スマートプラス（Finatextグループ）	BaaS（Brokerage as a Service）	証券機能を持たない事業会社でも、迅速に証券事業への参入を可能にする証券システム基盤。有価証券等の売買執行機能と証券インフラをパッケージ化し、ミドル・バックシステムをクラウドサービスとして提供。
保険	Finatext	Inspire	組み込み型保険を想定して開発された、契約～保全～支払いまでの保険業務に必要な機能をワンストップで提供する保険基盤。従量課金型のSaaSモデルで提供。
保険	あいおいニッセイ同和損害保険	デジタル募集基盤	多くの顧客基盤を持つ事業者が保有するアプリやWebサイト上で、事業者の独自サービスと連携した親和性の高い保険商品を提供するための基盤。Finatextの「Inspire」をベースにFinatextと共同開発。

（出所）各社発表資料より、野村総合研究所作成

機能がシームレスに結び付いたサービス体験を提供する」を掲げており、エンベデッド・ファイナンスの考え方と非常に近い。また、事業ドメインとして一般消費者向けのＢ２Ｃ事業のほかに、消費者向けに開発した「みんなの銀行アプリ」の金融機能やサービスをＡＰＩを介して事業パートナーに提供する「Ｂ２Ｂ２Ｘ事業」を展開しており、ＢａａＳの提供も予定している。

２０２１年６月には、イラスト投稿サイトを運営するピクシブやパーソルテンプスタッフとＢａａＳ事業で連携することで基本合意し、２０２１年９月には「ピクシブ支店」、10月には「テンプスタッフ支店」をみんなの銀行内に新設した。ピクシブは

クリエーターやファン向け、パーソルテンプスタッフは派遣スタッフ向けに普通預金やパートナー企業の世界観を盛り込んだ支店デザインのデビットカードなどの銀行サービスを提供している。最後に、**図表４－10**に国内で提供されている主なＢａａＳをまとめた。

通信キャリア×メガバンク

以前から金融サービスの提供に積極的な通信キャリアの動きにも注目である。メディアでたびたび報じられているように、金融機関との提携が活発になっており、２０２０年6月にはソフトバンクとみずほフィナンシャルグループが「新たなライフスタイルに対応した次世代型金融事業における戦略的提携」について発表している。

２０２1年5月には、ＮＴＴドコモと三菱ＵＦＪ銀行の協業も発表された。ＮＴＴドコモが三菱ＵＦＪ銀行から銀行機能の提供を受ける形でdポイントがたまるデジタル口座サービスの提供に乗り出すほか、新たな金融サービスの開発に向けて合弁会社の設立を検討していくことも明らかになった。

残るＫＤＤＩは、２００8年に三菱ＵＦＪ銀行と合弁でじぶん銀行（現ａｕじぶん銀行）を設立するなど、以前から金融サービスの提供に積極的である。2019年4月には中間金融持株会社のａｕフィナンシャルホールディングスを設立し、決済や資産運用などの子会社を束ねて「ａｕフィナンシャルグループ」とし、通信キャリアの中ではいち早く、総合的な金融サービスの提供が可能な体制を整えてきた。

三菱ＵＦＪ銀行はＮＴＴドコモとＫＤＤＩを天秤にかけているような恰好になるため、ドコモとは新銀行を設立するようなことはせず、あくまでＢａａＳの形態で銀行機能を提供することになりそうだ。

通信キャリアとメガバンクという大企業同士の業務提携は話題性が高く、相互送客という点では大きな意味を持つことは間違いない。たとえば、ドコモは8000万人、三菱ＵＦＪ銀行は3000万人という巨大な顧客基盤を有している。金融サービスの利用でポイントがたまるとなれば、新規ユーザーを中心に一定の顧客獲得は期待できるだろう。一方で、保守的な日本人がメインバンクを変更するほどの効果を見込めるかといわれると疑問符が付く。各陣営がどれほどの期待値を設定するかによって、「成功」の分岐点は変わってくるだろう。

特に非金融企業である通信キャリアにとっては、金融サービスをどのように位置づけるかが重要になってくる。つまり、金融サービス提供の目的をあくまで「本業への貢献のため」とするのか、第2、第3の事業の柱として位置づけるのかである。本書のテーマであるエンベデッド・ファイナンスの本来の意味合いからすれば前者であるが、もちろん後者であっても構わない。大事なことは目的を明確にすることだ。

組み込み型決済が先行する理由

先に説明したように、エンベデッド・ファイナンスの5領域の中では組み込み型決済が最も進んでおり、市場規模も大きい。反対に組み込み型投資が最も遅れており、市場規模も小さい。この差はどこから来るのだろうか。金融と一言でいっても、決済と投資ではまったく性質が異なり、融資、保険もまた然りである。この性質の違いが非金融サービスに組み込む際の相性にも関係してくる。

たとえば、消費者の行動の動線に最も近いのは組み込み型決済である。何らかのモノを購入するには代金の支払いが必ず伴うため、他の金融サービスに比べて利用頻度が桁違いに多くなる。従来の現金払いが組み込み型決済に置き換わるだけであり、利便性が向上することから消費者の受容性も高い。海外旅行や海外出張時の移動手段として、料金の支払いの容易さから、タクシーではなく、ウーバーやリフトを選択する人も多いだろう。

決済に次ぐのが融資である。融資もさまざまなサービスが存在するが、クレジットカードの浸透やクレジットカードがなくても後払いができるBNPLの急成長を見る限り、消費者の購買行動と親和性の高い融資サービスに対するニーズは相当高いといえるだろう。住宅ローンや自動車ローンは利用機会は限られるものの、その分、1回の利用金額は大きくなる。特に保証会社が存在する住宅ローンは貸し倒れのリスクが少なく、超低金利が続くなかでは旨味が大きいビジネスであることから、今後も金融機関と提携して提供する非金融企業は増えるだろう。

組み込み型銀行は今後の成長が期待される領域である。ウーバーイーツの配達員に代表されるように、ネット経由で企業や個人からの仕事を単発で請け負う「ギグワーカー」と呼ばれる労働者は今後も増加していく。このため、ギグワーカーなどを対象に銀行口座や各種カードを迅速に発行してくれるサービスのニーズは高まるだろう。日本でもフィンテック企業のマネーフォワードやナッジなどが参入を開始している。

組み込み型保険は、自動車ディーラーが提携する損保会社の自動車保険を紹介するケースはあったものの、「組み込み」とは程遠かった。しかし、日本でもホンダが2021年10月から国内自動車メーカーとしては初となる新車のオンライン販売ストア「Honda ON（ホンダオン）」を開設した。インターネットで商談、見積り、査定、契約がすべて可能となるもので、所有している車の買取参考価格の提示や、自動車保険の見積りもストア内でできるようになっている。選択できる引受保険会社は、損害保険ジャパン、東京海上日動火災保険、三井住友海上火災保険の3社と限られてはいるものの、非常に画期的なサービスである。先行しているスマートフォンや家電に対する修理保険と同様に、今後オンラインで自動車を購入する消費者が増加すれば、組み込み型の自動車保険市場も拡大していくと予想される。

組み込み型投資は、消費者のニーズ喚起が難しい。投資はそもそも将来に向けた資産形成のために行うものであり、「消費者が置かれているコンテキスト（状況）を踏まえたベストのタイミングで適切なオファーを提示する」というエンベデッド・ファイナンスとの親和性が高いとはいいづらい。簡単にいえば、消費者は組み込み型投資を利用する差し迫った理由がないのである。受け取れる金額も変動するのが通常であり、リスクを嫌う一般の消費者にとってはハードルが高い。

「はじめに」で紹介した丸井グループの tsumiki 証券も「エポスポイント」によるつみたて投資の提供などによって敷居を下げる努力をしているものの、２０２１年３月期の営業収益はわずか約１２００万円（２０２０年３月期は約３４０万円）にとどまる一方で、純損失は約６億９８００万円（２０２０年３月期は約４億７７００万円）と赤字幅は拡大している。エポスカードによる盤石な顧客基盤を持つ同社であっても、苦戦を強いられていることから、日本においては学生時代からの金融教育など、国民の金融リテラシーを地道に向上させる努力が必要なのかもしれない。

現状ではエンベデッドではないファイナンス

エンベデッド・ファイナンスの基本的な考え方は、幅広い顧客接点を有する非金融企業がその利点を生かし、顧客が金融サービスを必要とするタイミングを逃さず、タイムリーに提供していくというものだ。つまり、商流を抑えれば自然と金流もついてくるという考え方である。自動車や住宅など高価な買い物をする際に、カーディーラーやハウスメーカーが提携ローンを紹介するといった例はその最たるものであろう。しかし、これまではあくまでも「紹介」にとどまっており、住宅の購入と住宅ローンの申し込みを同時にはできず、ローンは別途、銀行に出向いて相談する必要があった。

こうした一連のプロセスは顧客の体験を損ねるだけでなく、カーディーラーやハウスメーカーといった事業会社、さらには金融機関にとっても商機を逃してきたともいえる。エンベデッド・ファイナンスでは銀行が黒子となり、銀行の仕組みやノウハウをＢａａＳとして事業会社に提供し、事業会社が自社の商品・サービスと金融を一体で手掛けることで顧客の利便性を高めるだけでなく、事業会社、銀行それぞれにビジネス上のメリットをもたらす。

現状の国内企業の取り組みを見てみると、ＢａａＳを提供する銀行やフィンテック企業が登場し、一部の非金融企業が金融サービスを新たな事業機会として捉えてはいるものの、本業に組み込み、タイムリーに提供するところまでは至っていないというのが正直な印象である。コード決済を提供する企業は多いものの、これまで決済事業者に払っていた決済手数料を削減したいというコスト削減目的や、決済ごとに発生するポイントによる顧客囲い込み目的がメインであり、顧客の利便性向上のためという目的はあまり表面には出てこない。

「金融サービスを新たな収益の柱に育てる」という目的であれば何も問題はなく、どちらがよい悪いという話ではない。しかし、エンベデッド・ファイナンスの観点ではもう一工夫が必要になってくる。

金融機関はどう動くべきか

金融機関や金融サービスプロバイダーにとってエンベデッド・ファイナンスは、集客力のある非金融企業と連携すれば、より多くの消費者にコスト効率よくリーチ可能になり、マーケティングコストが節約できること、膨大な顧客データにアクセスして商品やサービスをよりパーソナライズできることなどのメリットがある。

非金融企業と連携するにはいくつかパターンがある。既存のビジネスモデルや会社の規模、提供している商品・サービスによって、どのパターンを選択するのがベストなのかは変わってくる。ここで簡単に整理してみよう。

（1）ホワイトレーベル型

金融機関や金融サービスプロバイダーは金融商品・サービスを完全なホワイトレーベルとして事業会社に提供し、エンドユーザーとなる消費者からは金融機関名がほとんど見えないパターンである。直接の接点となる非金融企業が金融サービスを提供しているように見えるため、消費者は利用規約などを細かく確認しなければ、金融機関名がわからないこともある。

たとえば、アップルは前述した個人間送金サービスのアップル・キャッシュにおいて、グリーンドットバンクと提携しているが、ユーザーからはグリーンドットバンクの名前はほとんど見えないようになっている。つまり、事業会社はＵＩやＵＸの観点では金融機関の影響をほとんど受けることなく、自社のブランド観を具現化した金融サービスを提供できる。アップルのような独自のブランド観を大事にする企業にとっては願ったり叶ったりだろう。「ホワイトレーベル提供が可能」というのは、こうした事業会社に対して訴求力を発揮する。その半面、消費者からは金融機関の姿が見えなくなるため、プレゼンスが大きく低下する恐れがある。

大手の金融機関など、プレゼンスを重視する場合は適さないが、「名より実を取る」ことに割り切れる中小規模の金融機関やスタートアップにとっては悪くない選択肢である。国内ではＧＭＯあおぞらネット銀行がこのパターンを志向している。

（2）共同ブランディング型

金融機関・事業会社ともに、自社の名前を前面に出し、共同でそれぞれの強みを生かした価値提案を行っていくパターンである。たとえば、前述したグーグルＰｌｅｘでは、グーグルがシティグループやＢＢＶＡ、グリーンドットバンク、シアトルバンク、スタンフォード連邦信用組合などの金融機関と提携して銀行口座サービスを提供することを発表している。

グーグルとしては、ライセンスホルダーである金融機関と提携することで、金融サービスの提供に不可欠な「信用」を手に入れることができる。一方、金融機関としてはグーグルの持つ「デジタル」や「ユーザーフレンドリー」といったブランドイメージを利用し、自社のイメージを向上させることができる。

日本では、セブン‐イレブンのセブン‐イレブンアプリ（以下、セブンアプリ）に埋め込まれたＰａｙＰａｙの決済機能が該当する。２０２１年2月からセブンアプリとＰａｙ

ＰａｙＰａｙアプリの連携が開始されており、セブンアプリ内でＰａｙＰａｙのコードを表示して支払いができる。ＰａｙＰａｙは資金移動業や銀行代理業のライセンスを持つ金融サービスプロバイダーであり、セブン－イレブンに対してコード決済機能を提供している。このケースではセブンアプリ内でＰａｙＰａｙのロゴが明示されているだけでなく、決済の際は「ペイペイ」という特徴的な音も鳴る。ＰａｙＰａｙは黒子になるわけではなく、同社のブランドはきちんと消費者に認知されるようになっている。

ただし、このパターンではどちらか一方の力が強すぎる場合、いずれパワーバランスが崩れ、ホワイトレーベル型に移行していく可能性がある。たとえば、グーグルとシティグループであればバランスが取れるかもしれないが、シアトルバンクではグーグルの力が勝り、いずれグーグルブランドが全面に立つ可能性があるということだ。その点、先に説明したＮＴＴドコモと三菱ＵＦＪ銀行の協業であれば、少なくともパワーバランスに不均衡は生じないように思える。

（3）フルブランディング型

金融サービスのプロバイダー名が前面に出るタイプである。ただし、出過ぎると事業会

図表4-11　Appleの公式サイトでのチェックアウト画面の例

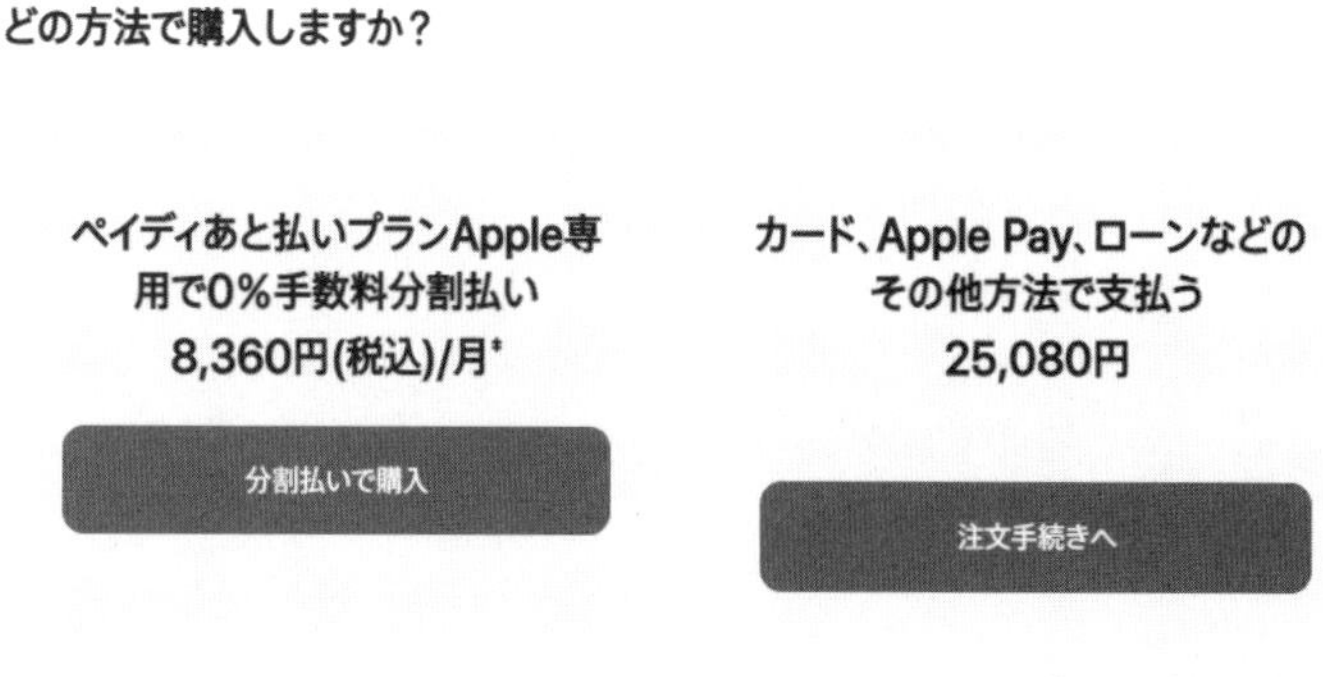

（出所）https://www.apple.com/jp/shop/bag

社のサービスではなく、金融サービスプロバイダーのサービスに見えてしまうため、現状ではECサイトにおける決済や後払いサービスなどで限定的に利用されている。

たとえば、先に説明した後払い決済サービスのペイディ（Paidy）は、アマゾンやアップルの国内ECサイトに採用されており、チェックアウトプロセスに組み込まれている。世界的な大企業が運営するサイトに組み込まれているにもかかわらず、購入商品を決定して支払い手段を選択する画面では、「ペイディ」の名前やロゴがはっきりと表示される。そのため、ペイディのブランドは消費者に大きく認知されることになる（**図表4－11**）。

アマゾン、アップルとペイディのパワーバランスでいえば、ペイディの名前が出なくても不思議ではないが、そこはきっちりと契約でクリアしているのであろう。決済画面で毎回、ペイディの名前が表示されることによって、消費者は次第に親近感を抱くようになり、世界的な大企業のサイトで採用されていることから信頼感も生まれる。ただし、これは都度、交渉によって決まるものであり、チェックアウトプロセスも含めて統一したブランドイメージを大事にしたいと考える事業者であれば、ペイディの名前は出せないこともあるだろう。

逆の場合もある。初めて利用する新興のＤ２Ｃサイトなど、ＥＣサイトに信用力がなく、消費者が住所やクレジットカード番号などの個人情報を入力するのに抵抗を覚えるようなケースである。この場合、ＰａｙＰａｙやアマゾンペイなど使い慣れた決済手段が埋め込まれていれば、サイトに対する信用度がアップする。仮に欲しい商品が見つかってもサイトを信用できず、購入を諦めるといった消費者の離脱を防止できる可能性が高まる。

以上、金融機関、金融サービスプロバイダーから見た場合の３つの連携パターンを紹介した。主に自社のブランドをどこまで消費者にアピールしたいか、どこまでの関係を持ちたいかといった観点で分類できる。

それほど消費者に認知されていない場合、黒子に徹することにさほど抵抗はないかもしれない。しかし、そうすれば消費者に幅広く認知されることは諦める必要が出てくる。すでに一定のプレゼンスがある企業の場合、大手事業会社とのパートナーシップによって、さらなるブランド力の向上を目指すという方向性もあるが、マーケティングコストがかさみ、リスクも大きくなる。かといって、黒子に徹するのも抵抗があるだろう。正解があるわけではなく、経営者の大胆な意思決定が求められる。また、いずれの場合も顧客データを誰がどこまで持つのかは企業間で慎重な協議が必要になってくる。

スタートアップは何をすべきか

2015年前後から日本でも急速に立ち上がったフィンテックブームによって、多くのスタートアップが誕生した。マネーフォワードやフリー（freee）、ウェルスナビなど、すでに上場を果たしている企業がある一方、メルカリに買収されたQRコード決済のオリガミ（Origami）のように、事業の売却や方向転換を余儀なくされている企業もある。

フィンテックの第3の波ともいえるエンベデッド・ファイナンスの潮流の中で、さらなる方向転換を検討する企業もあるだろう。ここでは、スタートアップの観点からエンベデッド・ファイナンス時代に取りうる方向性について考えてみたい。

(1) B2Bスタートアップ

以前から既存の金融機関向けのサービスを提供していたり、当初は消費者に直接サービスを提供したりしていたB2Cスタートアップが既存の金融機関向けに方向転換したケースでは、エンベデッド・ファイナンスへの移行は比較的容易である。すでに自社のサービスをAPIを介して他社に提供する準備が整っているケースが多く、提供先が金融機関から非金融の事業会社に変わるだけだからである。既存の金融機関向けのサービス提供を中止する必要はなく、販売チャネルに事業会社が加わることで販路の拡大が見込める。

もちろん、提供先の企業が一定レベルの金融に関する知識を持っていることが前提になり、どのような形式で金融サービスを組み込むのが適切かという点で議論は必要になるが、B2C向けのサービスしか提供してこなかったスタートアップに比べれば、遥かに容易であろう。

ただし、第1章で説明したように日本の非金融企業の技術レベルはそれほど高くないため、実際にサービスを組み込んだり、維持管理をしていくにはスタートアップ側に大きな負担がかかる恐れがある。

大規模な顧客基盤を有する事業会社と連携すれば、マーケティングコストをかけずに自社のサービスの利用者を増やせるメリットがある。その半面、事業会社に足元を見られて、提携交渉では不利になる恐れもある。事業会社としても、大手の金融機関と組むよりも、フットワークの軽いスタートアップと組む方が迅速に金融機能を組み込み、すばやくサービスを展開できる。大手金融機関のブランド力を利用した集客はできないが、すでに十分な顧客基盤がある事業会社であれば、その点は大きな問題にはならないだろう。

（2）B2Cスタートアップ

これまで消費者に直接、金融商品やサービスを届けてきたスタートアップがエンベデッド・ファイナンスに取り組むことは大きな方針転換になる。一般的にB2Cのビジネスでは既存の金融機関と競合することが多く、多くのスタートアップは認知度や信用の面で劣るため、顧客獲得に苦しみ、マーケティングコストもかさむことから収益化に苦しんできた。その点、エンベデッド・ファイナンスであれば、集客や顧客管理は事業会社に任せて、商品やサービスの開発や運用に専念できる。ただし、B2C事業から完全に撤退し、エンベデッド・ファイナンスに専念するとなれば、これまで築いてきた顧客との接点を手放すことになるため、大きな決断が必要になる。

もっとも、日本の場合は既存金融機関がスタートアップとの協業に前向きであり、これまで名前の挙がった大手通信キャリアなど一部の企業を除き、非金融企業はそれほど金融事業への参入に積極的ではないように感じられる。そのため、Ｂ２Ｃスタートアップの場合、まずは既存金融機関向けのサービス提供が先行し、その後、非金融企業向けのサービス提供が進むと予想される。

「土管化」も銀行の選択肢の１つに

筆者が２０１６年に刊行した『ＦｉｎＴｅｃｈの衝撃』の「第5章　モジュール化する金融サービス」では、「従来の金融機関が長らく一体化したサービスとして提供してきた金融サービスは、フィンテック企業によって部分的に侵食され、『アンバンドリング』化が進む。その結果、一体サービスではなく、機能毎に分化したモジュール形のサービスとして提供せざるを得なくなる」と予想した。

そして、「結果的に自前で競争力あるサービスは提供できないが、引き続き顧客との関係を維持したい金融機関はフィンテック企業と提携し、エンドユーザーに対して自社のプラットフォーム経由でフィンテック企業のサービスを提供していく必要が出てくる。つまり、フィンテック時代の金融機関はアマゾンのｅコマースビジネス同様にプラットフォーマーになっていく。この際に重要となるのが、『ＡＰＩ』である」と解説した。

　ここまでは、ＢａａＳを指向する金融機関が増加しつつある現状と合致する。ただし、当時は「ＡＰＩの公開が通信業界同様に金融機関の『土管化』を招く可能性がある」として懸念を示した。通信事業者が端末やサービスを提供できず、回線の提供に専念せざるを得ない状況を土管化と呼ぶように、既存の金融機関にとっての土管化とは、銀行の業務が口座の維持管理に限定されてしまうことを意味する。

　他社との差別化が難しくなり、「日本の携帯3社がいずれもｉＰｈｏｎｅを扱うようになった結果、消費者は携帯電話会社の選択にこだわりがなくなったように、金融機関の顧客も口座が開設できれば、どこの銀行でも構わないと考えるようになり、通信事業者と同じ状況に陥る可能性がある」と、ネガティブなトーンで締めくくった。

　しかし、エンベデッド・ファイナンスが花開こうとしている現在、既存の金融機関にとって、土管化は必ずしも悪い話ではない。確かに、消費者からはその存在は見えづらくなるものの、非金融企業が間口を広げてくれることで、今までリーチできなかった新しい顧客を獲得するチャンスが生まれる。ライセンスホルダーとして新たに収益を生み出せるのであれば、土管化も選択肢の1つになってくるだろう。

米国では、前述したグリーンドットバンクやクロスリバーバンク（Cross River Bank）、バンコープバンク（Bancorp Bank）などの銀行免許を保有する銀行が「土管」として、多くの非金融企業を支えている。

日本国内に目を向けると、メガバンクが土管化を進んで受け入れるとは考えづらいが、ネット銀行やみんなの銀行に続いて、今後新たに生まれるであろうデジタルバンクがその役割を担う可能性は十分にある。なぜなら、比較的新興のネット銀行やデジタルバンクにとって、大手の非金融企業が抱える数千万人規模の顧客基盤は非常に魅力的だからだ。これらの巨大な顧客基盤にリーチできるとあれば、土管化は厭わないだろう。

一方、メガバンクはすでに数千万規模の口座を抱えている。既存の顧客基盤を生かしつつ、ライセンスホルダーとして非金融企業と協業することで、これまでとは異なる顧客層を開拓し、新たな収益源を探ることになる。その際は、第2章で解説したゴールドマン・サックスの事例が参考になるだろう。

第5章

エンベデッド・ファイナンスの将来

スーパーアプリ化するエンベデッド・ファイナンス

エンベデッド・ファイナンスの今後を占う際に参考になるのが、スーパーアプリである。スーパーアプリとは、メッセージングやソーシャルメディア、決済、送金、タクシー配車、飛行機やホテルの予約、Eコマースなど、スマホで一般的に使用されるアプリがすべて詰めこまれてプラットフォーム化したアプリである。

中国のテンセントが運営するインスタントメッセージングアプリ「ウィーチャット（WeChat）」やアリババ傘下で決済サービスを提供する「アリペイ（AliPay）」、インドネシアで配車サービスを展開する「ゴジェック（Gojek）」、シンガポールで配車サービスを提供している「グラブ（Grab）」などが、それぞれコアとなるサービスを次第に拡大し、スーパーアプリへと進化を遂げている。

たとえば、世界初のスーパーアプリであるウィーチャットは、チャットのほか、ショッピングやチケット予約、キャッシュレス決済から税金の申請、オンライン診療まで日常生活のあらゆる場面で活用できる多種多様なアプリを100万以上も用意している（**図表5－1**）。

図表5-1　WeChatのスーパーアプリのイメージ

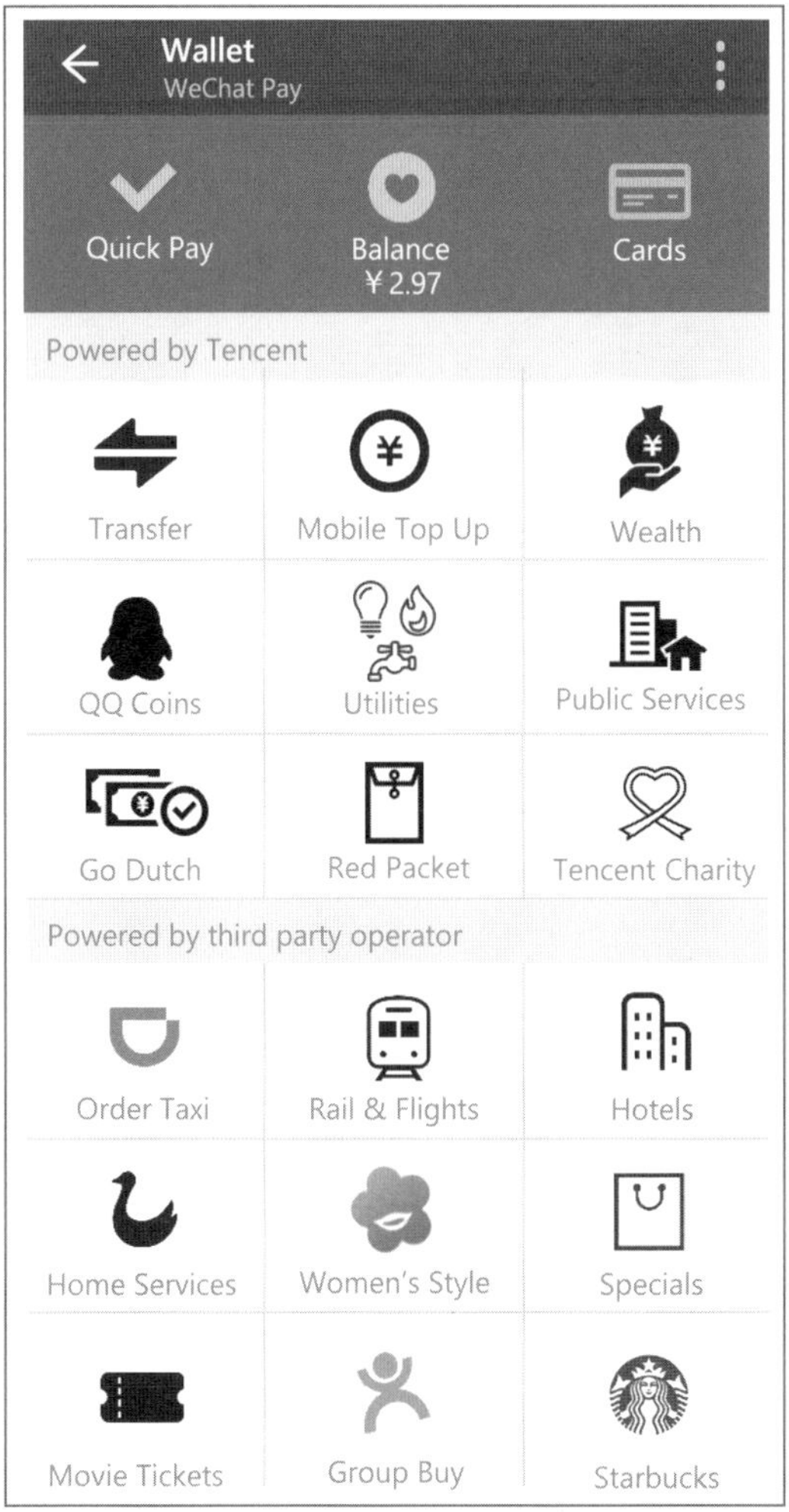

（出所）WeChat アプリより、野村総合研究所作成

一般的にスーパーアプリ内で起動できるアプリ群は「ミニアプリ」と呼ばれる。スーパーアプリ自体はアプリストアでダウンロードしてインストールするタイプのアプリ（ネイティブアプリ）であるが、ミニアプリは個別にダウンロードする必要がなく、決済などで必要な時だけロードして使用できる。そのため、ユーザーはスマホの容量を気にすることなく、スーパーアプリを一度ダウンロードするだけですべてのミニアプリを利用できる。アップデートについても同様で、ミニアプリを1つひとつ更新する必要はない。

ユーザーにとってのもう1つの大きなメリットは、個別のミニアプリに対してIDとパスワードを入力してログインする手間が省ける点である。スーパーアプリに一度ログインすれば、個別のミニアプリを使用する際にはログイン情報が引き継がれるため、すぐに利用できる。クレジットカードなどの情報もミニアプリ共通で使用できるため、ミニアプリごとにカード情報を紐付ける必要はなく、ユーザーの負担は大きく軽減される。

事業者サイドから見た場合のスーパーアプリのメリットは、ユーザーの囲い込みが可能になる点である。スーパーアプリでは、複数のサービスを1つのアプリから提供するため、ユーザーのさまざまなニーズにワンストップで応えることができる。つまり、自社のスーパーアプリにアクセスさえしてもらえれば、その中ですべてを完結させ、他社アプリへの流出を最低限に抑えられる。

では、スーパーアプリの中に決済はもちろんのこと、送金や融資などの金融サービスが埋め込まれていればどうだろう。日常的にアクセスするスーパーアプリの中にこうした金融サービスが含まれていれば、いざ金融に対するニーズが発生した際、第1の選択肢となるのではないだろうか。これは「普段から利用しているサービスと同じ動線に金融サービスを組み込む」というエンベデッド・ファイナンスのコンセプトそのものである。

先に説明したメルカリアプリには、メルペイやメルペイスマートマネーといったコード決済や少額融資の金融サービスが埋め込まれている。現状ではスーパーアプリと呼ぶには、まだアプリの数は少ないが、メルペイ残高をユネスコなどの公益社団法人や自治体等に寄付できる「メルカリ寄付」など、少しずつ機能は増えている。今後、メルペイ残高を使ってチケットの予約をしたり、タクシーを呼べたりするようになっても不思議ではない。

スーパーアプリはスマホ時代のポータルサイト

総務省情報通信政策研究所が2020年1月に実施した調査によると、日本におけるス

図表5-2　モバイル機器等の利用率（令和元年度）

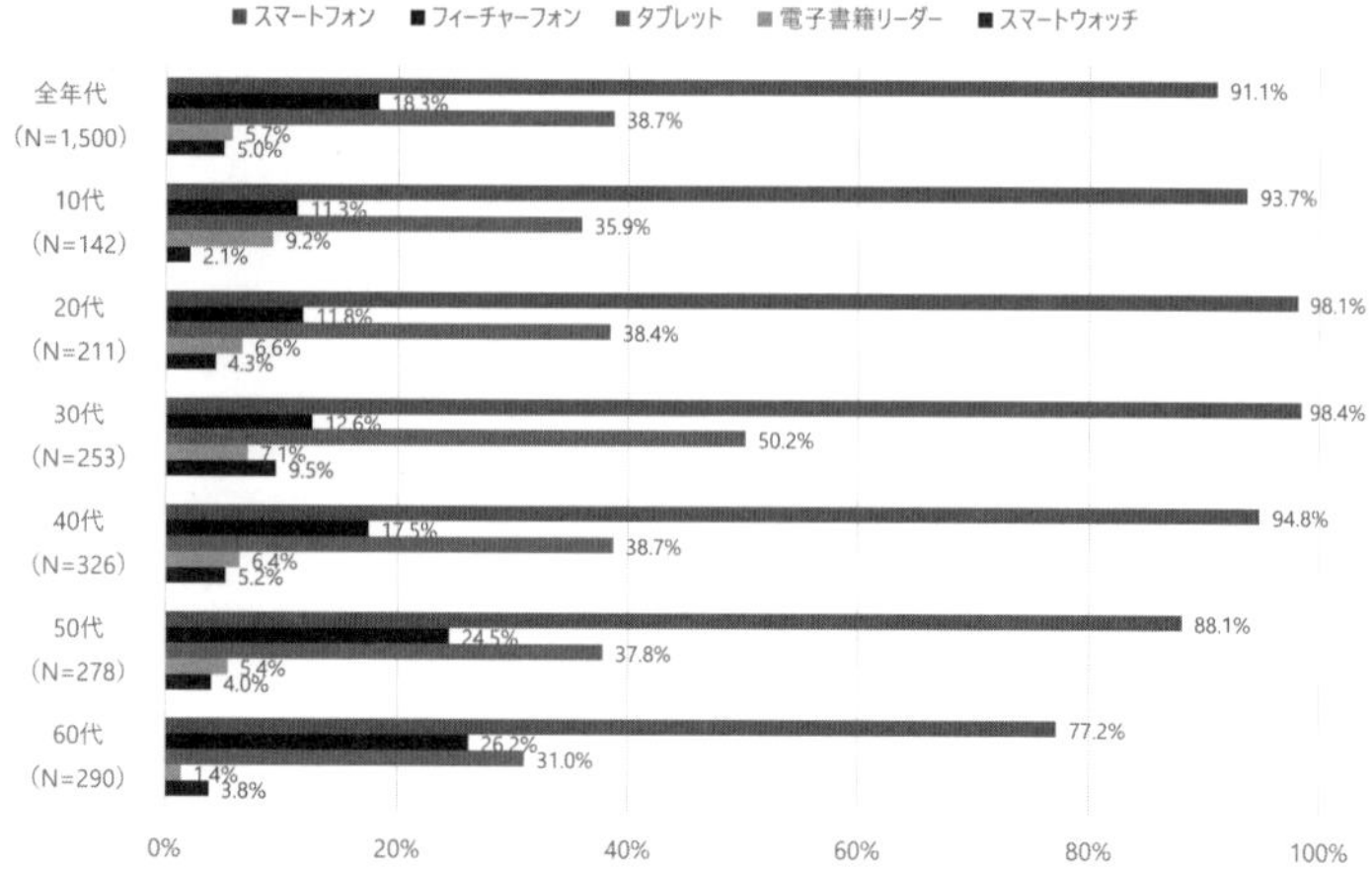

（出所）総務省情報通信政策研究所「令和元年度情報通信メディアの利用時間と情報行動に関する調査報告書」
https://www.soumu.go.jp/main_content/000708015.pdf

マートフォンの利用率は全年代を通じて91％となっており、90％を超えている。50代で88％、60代でも77％と、若年層だけでなく中高年でもスマホが浸透していることがわかる（**図表5－2**）。

　また、ニールセンが2020年3月に発表（2019年12月実施）したスマートフォンのアプリ利用状況に関する調査結果によれば、スマートフォン利用時間のうち、92％はアプリが占めており、ブラウザを使用している時間はわずか8％に過ぎない（**図表5－3**）。これらの調査結果から、スマホが幅広い年代に普及している現代社会において企業が顧客にアプローチするためには、いかにして自

図表5-3　スマートフォンの利用時間に占めるアプリとブラウザの割合

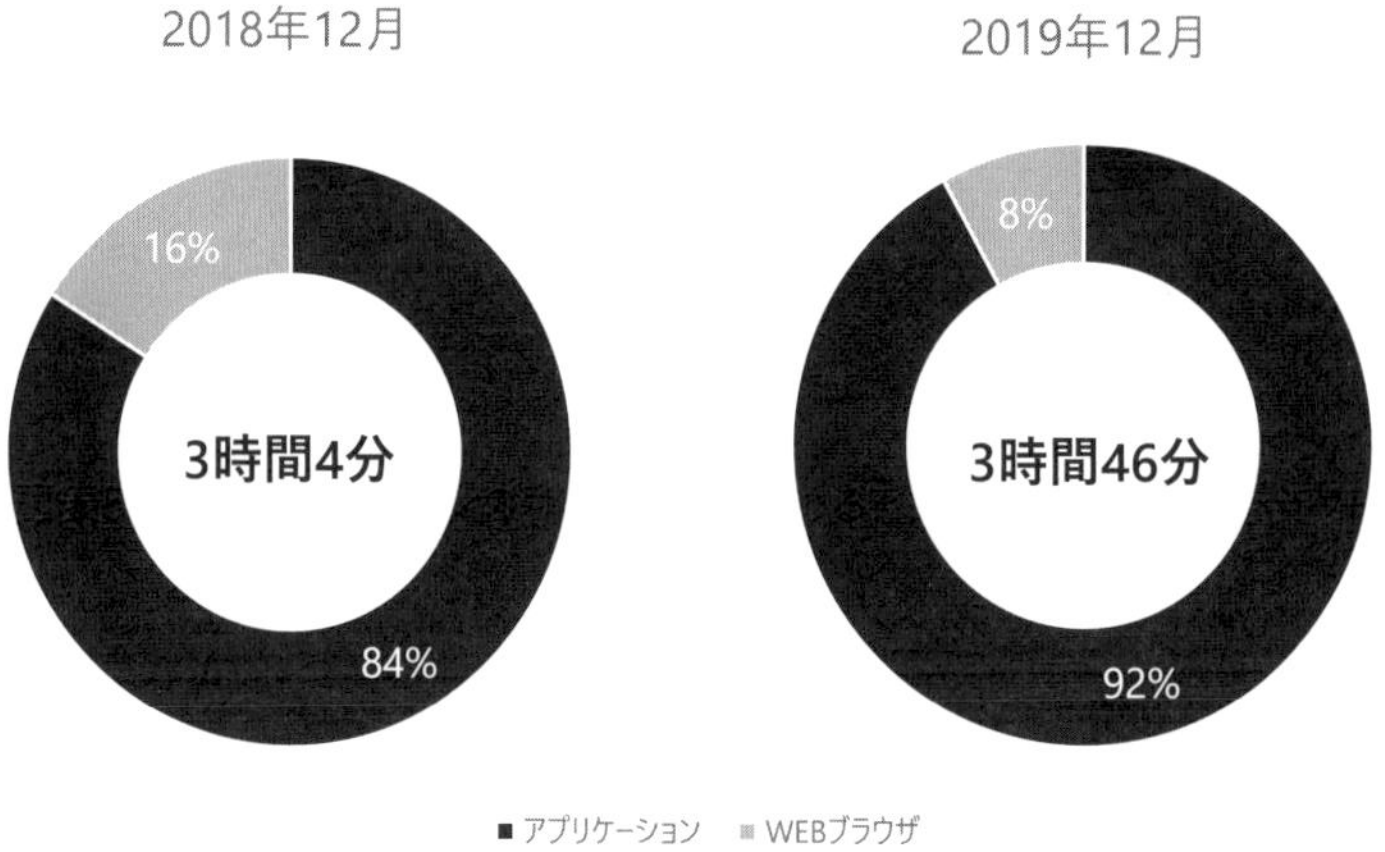

（出所）https://www.nielsen.com/jp/ja/insights/article/2020/20200326-digital-smartphone-apps-trend/ より、野村総合研究所作成

社のアプリをインストールしてもらい、開いてもらうかが重要になることがわかる。しかし、これは決して簡単なことではない。

スマホではアプリストアを通じて、多種多様なアプリの中から好きなものを自由にインストールできる。ただし、消費者は限られたアプリしか使っていないのが実態だ。先ほどのニールセンの調査結果によれば、18歳以上が毎日利用するアプリの数は平均8・8個しかない。消費者が日常的に利用しているのは、使い慣れた一部のアプリにとどまっていることがわかる。

わずか9個の「定番アプリ」に入るのは至難の業であるが、スーパーアプリが目指しているのは、この定番アプリの座である。

スマホが普及する以前、インターネットへのアクセス手段がＰＣに限られていた時代は、消費者はまずブラウザを開いてポータルサイトにアクセスした。検索エンジンを中央に配置したポータル（＝玄関）サイトは文字通り、さまざまな情報にアクセスするための玄関口として機能した。日本でインターネットが使われ始めてしばらくの間、ヤフーが覇権を握ったのは、ポータルサイトとしてユーザーの圧倒的な支持を集めていたからである。スーパーアプリはスマホ時代のポータルサイトと呼べるかもしれない。

スーパーアプリ化を目指す新生Ｚホールディングス

こうした観点でヤフーを傘下に持つＺホールディングスとＬＩＮＥの経営統合を改めて眺めると非常に興味深い。ヤフーの影響力はグーグルの登場による検索エンジンのシェア低下とスマホ時代の到来によって次第に弱まっていった感は否めない。ヤフーにとってＬＩＮＥとの経営統合はスマホ時代に再び覇権を握るための手段なのである。

ヤフーが出資するＰａｙＰａｙは以前からスーパーアプリ化を目指すことを明言している。２０１９年11月28日には、パートナー企業が自社で提供しているサービスをＰａｙＰ ａｙアプリ内から利用できるようにするミニアプリの提供を開始している。本稿執筆時点で、オンラインショッピング（ＰａｙＰａｙモール）やフリマアプリ（ＰａｙＰａｙフリマ）のほか、ウーバーイーツ、松屋フーズの弁当予約サービスなど、8つのミニアプリが用意されている。経営統合によって機能が重複するＰａｙＰａｙとＬＩＮＥＰａｙは2022年4月をめどにＰａｙＰａｙに一本化されるため、今後はＬＩＮＥＰａｙのユーザーを取り込みながら、ＰａｙＰａｙのスーパーアプリ化をさらに加速していくものと見られる。

一方のＬＩＮＥも、以前からスーパーアプリを志向している。２０２０年7月にはＬＩＮＥアプリ内に「ＬＩＮＥミニアプリ」をリリースし、美容室の空き状況の確認・予約や回転寿司の待ち時間の確認・順番待ちの受け付けができるアプリなどを提供している。

２０２１年5月には、三井住友カードが金融業界として初めてＬＩＮＥミニアプリの運用を開始している。同社のカード会員向けサービス「Ｖｐａｓｓ」と連携させれば、会員は支払い金額、利用明細、ポイント残高の確認のほか、各種変更手続きをミニアプリでできるようになる。

以前に比べれば影響力に陰りが見えるとはいえ、依然として日本最大級のポータルサイトとして存在感を発揮しているヤフーを含めて、今後、Ｚホールディングスがどのようにスーパーアプリ化を進めるのかはまだわからない。ＰａｙＰａｙは決済、ＬＩＮＥはメッセージングなど、それぞれ核となるサービスを軸に共存共栄を目指すのか、それとも重複したサービスを統合してスーパーアプリ化を目指すのだろうか。

一見すると重複しているように見えるサービスであっても、それぞれのユーザー層やポジショニングが異なっているものもある。たとえば、ヤフーは「Yahoo!ニュース」、ＬＩＮＥは「LINE NEWS」というニュース配信サービスをそれぞれ展開しているが、LINE NEWSは20代女性に支持されている一方で、Yahoo!ニュースの読者層の中心は40代半ばである。これをどちらかに一本化してしまうと、片方の読者は離れてしまうだろう。

いずれにしろ、同社が日本版スーパーアプリの実現レースにおいて先頭を走っていることは間違いない。視聴行動分析サービスを提供するニールセン デジタルが２０２０年12月に発表した「２０２０年　日本におけるスマートフォンアプリアクティブリーチ　ＴＯＰ10」では、ＬＩＮＥが1位、ヤフーが8位、ＰａｙＰａｙが9位にランクインしており、ランキングをグーグルとほぼ2分する結果となっている（**図表5－4**）。

スーパーアプリはプラットフォームビジネスである以上、まずは圧倒的な集客力を誇る

図表5-4　2020年　日本におけるスマートフォンアプリアクティブリーチTOP10

ランク	サービス名	平均月間アクティブリーチ	対昨年
1	LINE	83%	0pt
2	YouTube	65%	4pt
3	Google App	56%	3pt
4	Google Maps	54%	−6pt
5	Gmail	54%	3pt
6	Google Play	47%	3pt
7	Twitter	45%	0pt
8	Yahoo! JAPAN	43%	1pt
9	PayPay	41%	21pt
10	Apple Music	39%	−5pt

※2020年1月から10月までのデータ：平均月間アクティブリーチ
※Apple MusicはiTunes Radio/iCloud含む

（出所）https://prtimes.jp/main/html/rd/p/000000033.000047896.html より、野村総合研究所作成

アプリがないと始まらない。他社は集客力に期待してプラットフォームに相乗りすることを検討するからだ。その点で国内トップ10に入るアプリを3つも抱えているZホールディングスは、非常に大きなアドバンテージを持っているといえよう。

通信キャリアのスーパーアプリ戦略

日本版スーパーアプリの実現では、Zホールディングスが有利な位置にいることは間違いないが、他陣営も手をこまねいて見ているだけではない。スマホ時代

のポータルサイトになりえるスーパーアプリの重要性は、中国のウィーチャットやアリペイなどの隆盛を見て十二分に理解しているからだ。

前述した通信キャリアはスーパーアプリにもすでに着手している。たとえば、ＮＴＴドコモはＰａｙＰａｙのミニアプリの発表日と同日となる２０１９年11月28日に、ＱＲコード決済の「ｄ払い」アプリに「ミニアプリ」機能の搭載を開始した。第１弾となったのはタクシー配車サービスの「Japan Taxi」である。ｄ払いアプリでタクシーを呼び、運賃はそのままｄ払いで支払えるようにしている。その後も自転車シェアリングの「バイクシェア」、牛丼チェーンの吉野家とすき家、餃子チェーンの大阪王将のテイクアウト事前予約などを追加している。また、ｄ払いの加盟店で使用できる各種クーポンもアプリ内で配布し、加盟店への送客を支援している。

ｄ払いに限った話ではないが、現在のＱＲコード決済サービスは決済機能だけでなく、加盟店への送客機能も提供している。集客力の弱い中小の加盟店は決済手数料の安さだけで、導入する決済サービスを選んでいるわけではない。「どれだけ多くの客を自分の店に連れてきてくれるか」も非常に重要なポイントである。その点、コード決済サービスはアプリを開けばクーポンが手に入るといったわかりやすいメリットを消費者に提供できるため、集客につながる。これは、クレジットカードや交通系ＩＣカードなどにはない、コード決済ならではの優位点である。

ｄ払いアプリは現在のところ、決済以外の金融サービスは提供していない。この点は、前述した三菱ＵＦＪ銀行との協業によって今後新たな展開があると予想される。

ＫＤＤＩも２０２０年2月から、従来の「ａｕ ＷＡＬＬＥＴ アプリ」から「ａｕ ＰＡＹ アプリ」へのブランド名の刷新を機に、「金融サービスに強いスーパーアプリ」を目指すことを宣言している。前述したように、同社は２００８年に設立した「じぶん銀行」を皮切りに、２０１０年にはａｕかんたん決済、２０１４年にはａｕ ＷＡＬＬＥＴを開始するなど、これまでも積極的に金融サービスを投入してきた。そして、２０１９年12月に発表したローソンとの資本業務提携によってポイントサービスを「Ｐｏｎｔａ（ポンタ）」に統一したことで会員基盤が1億人を超え、スーパーアプリ化への機は熟したと判断したのだろう。

グループには、ａｕカブコム証券、ａｕアセットマネジメント、ａｕ損害保険など多くの金融企業を抱えている。こうした傘下の企業を通じて提供可能な預金、投資信託、ローン、保険などの金融サービスをはじめ、飲食店の事前注文、タクシーの配車予約サービスなども追加して、スーパーアプリ化を推進する構えである。

スーパーアプリ化を進める際に軸となるのは、ＮＴＴドコモ同様、コード決済サービスのａｕ　ＰＡＹである。Ｚホールディングスがそうであるように、成功を収めるためには消費者が日常的にアクセスするアプリの存在が不可欠である。そこで浮上してくるのが、毎日の買い物で使用する決済アプリということになる。ただし、コード決済市場にはすでに多くの企業が参入し、競争は激しさを増している。大規模キャンペーンの効果もあり、加盟店数、ユーザー数ともにａｕ　ＰＡＹはＰａｙＰａｙに水を空けられている。

ＰａｙＰａｙはこれまで無料だった加盟店の決済手数料を２０２１年10月から有料化している。これを受けてａｕ　ＰＡＹは新規に契約した加盟店のほか、既存の加盟店についても決済手数料を1年間無料にする方針を打ち出した（ＮＴＴドコモは新規契約店舗のみ）。加盟店の獲得競争はコード決済のシェア争いに直結する。そして、コード決済のシェアはスーパーアプリ戦略の成功を左右することになる。決済手数料を巡っては、今後も各社の間で駆け引きが続くことになるだろう。

ＫＤＤＩの強みは、すでにグループ内に金融商品のフルラインアップが揃っている点であり、グループ内の各種サービスとかけ合わせれば相互送客が実現する。たとえば、電気サービス「じぶんでんき」とａｕ回線をセットで契約すると、ａｕじぶん銀行の住宅ローンの金利が最大年０・１％下がるといったキャンペーンをすでに実施している。

ほかにも、ａｕじぶん銀行のカードローンではａｕＩＤユーザーを対象に最大年０・５％の利息を優遇したり、ａｕカブコム証券との連携によって円普通預金の金利を優遇したりする施策も実施している。

楽天経済圏をバックに楽天も本格参入

ここまで読まれた読者の方はすでにお気づきかもしれないが、グループ内に金融企業を抱え、ポイントを軸に相互送客を実現するという手法は楽天が以前から得意としてきた。楽天グループは、楽天ペイ、楽天カード、楽天銀行、楽天証券、楽天生命、楽天損保などの金融サービスを提供しており、楽天市場や楽天モバイルなど、各種サービスの利用でたまる楽天ポイントを年間約５０００億ポイントも発行している。

ただし、これまでは楽天ポイントを楽天銀行での振込手数料や外貨預金の預け入れに使用できたり、楽天証券で投資信託や国内株式の購入ができたりする「ポイント投資」などは実現していたものの、各サービスのアプリは個別に存在し、シームレスな連携はできていなかった。

しかし、２０２1年8月からは、「楽天ペイ」アプリに「楽天カード」「楽天銀行」「ポイント運用」などの金融機能のほか、ゴルフ場予約サイト「楽天ＧＯＲＡ」、来店ポイントアプリ「楽天チェック」、レシートを送信して楽天ポイントがもらえる「Rakuten Pasha」などの機能を追加し、楽天ペイアプリからそれぞれのサービスを利用できるようにしている。

スーパーアプリ化への第一歩を踏み出したといえるが、できることはまだ限定的である。たとえば、楽天カードの利用履歴の確認や、楽天銀行口座の残高照会ができるとはいえ、いざ行おうとすると、楽天カード、楽天銀行それぞれのアプリに遷移して処理するようになっている。楽天グループが提供する各種サービスの玄関口としては機能するが、真のスーパーアプリの実現にはまだ時間がかかる印象だ。また、エンベデッド・ファイナンスの観点では、ゴルフ場の予約の際に傷害保険も一緒にレコメンドして欲しいところである。とはいえ、10年以上も前から「楽天経済圏」を標榜し、グループ各社が保有するサービスの充実度という点では日本企業の中では群を抜く。楽天ＩＤの発行数は1億を超え、ポイントの発行額でも国内随一である。Zホールディングスにとって、一番の脅威となるのは楽天かもしれない。

コラム　グーグルによるスーパーアプリの可能性

前述した通り、2021年7月にグーグルが日本のプリンを買収したことが明らかになり、大きな話題となった。国内のコード決済市場では、ここまでに名前の挙がったPayPayやd払い、au PAY、楽天ペイなどの陰に隠れ、お世辞にも目立つ存在とはいえなかったプリンを買収した狙いは何か。さまざまな憶測を呼んでいるが、理由の1つはプリンが日本の大手企業の影がチラつかない独立した存在であることだ。

つまり、他のコード決済サービスが、ZホールディングスやNTTドコモ、KDDI、楽天など、スーパーアプリ化を狙う各社の中核であるのに対して、プリンはどこの傘下でもない。言い方は悪いが、グーグルにとっては支配しやすい存在だったからではないかと考えたくなる。

決済市場での存在感は大きくないとはいえ、プリンはすでにメガバンク、ネット銀行、地銀など50以上の金融機関と連携済みであり、個人向けだけでなく、法人から個人のスマホに送金できる法人向けサービスも展開しており、日本で決済・送金サービスを行うためのインフラは整備済みである。グーグルが今後、本格的に日本市場で決済・送金サービスを開始し、将来的なスーパーアプリ化を視野に入れているなら、この買収劇も納得できる。

金融版スーパーアプリを目指す三菱ＵＦＪ銀行

ＫＤＤＩが掲げる「金融サービスに強いスーパーアプリ」という観点では、銀行自身が「金融版スーパーアプリ」を提供する動きも始まっている。三菱ＵＦＪ銀行が２０２１年9月に発表した資産形成総合サポートサービス「マネーキャンバス（Money Canvas）」は、スーパーアプリという言葉は使っていないものの、スマホアプリ上で消費者の資産形成をサポートする、さまざまな金融商品・サービスを提供する「資産運用プラットフォーム」を標榜している。

図表5-5　Finatextの「デジタル金融の統合基盤システム」

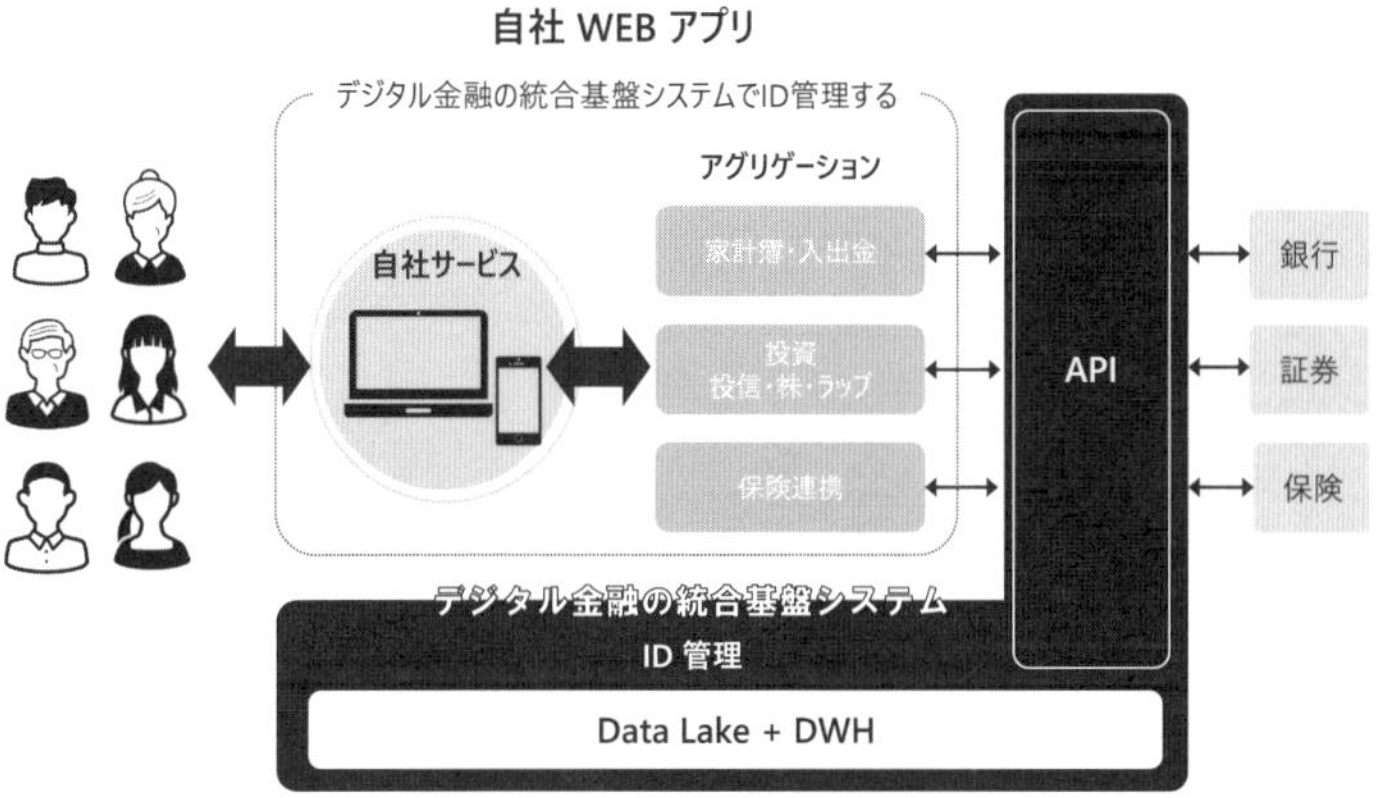

（出所）https://finatext.com/news/20210902/ より、野村総合研究所作成

具体的には、三菱ＵＦＪニコスや三菱ＵＦＪ信託銀行、三菱ＵＦＪモルガン・スタンレー証券などのＭＵＦＧグループのほか、大和証券グループやａｕカブコム証券、東京海上日動火災保険、損保ジャパンなどＭＵＦＧグループ以外の企業、さらにはウェルスナビやファンズといったフィンテック企業とも提携し、株式、投資信託、合同金銭信託、ロボアドバイザー、融資型クラウドファンディング、保険などを順次提供していく予定となっている。

マネーキャンバスの開発基盤としては、フィナテキストの「デジタル金融の統合基盤」（**図表５－５**）が使用されている。この基盤は異なる金融機関の商品やサービスを１つのプラットフォーム上で提供できるだけでなく、アカウントも一元化できるため、１つのアカウントで複数の金融機関のサービスを利用できるようになっている。まさに金融版スーパーアプリといった趣である。

ただし、消費者の立場でいえば、１つのアカウントですべてのサービスを利用できるということは便利な半面、すべての行動がデータとして捕捉されることを意味する。こうした点には注意が必要であろう。

本稿執筆時点では、まだサービスがリリースされていないため、どれほどのユーザーを集められるかはわからない。金融サービスの提供に特化しているため、そもそも金融に興味のない消費者はインストールしようとは思わないだろう。国民の金融リテラシーがそれほど高くないとされる日本でどこまで受け入れられるのか。先行するＰａｙＰａｙや通信キャリアとは異なり、消費者が毎日使用するアプリをベースとしたものではないため、まずは認知度を高め、インストールしてもらう努力が必要になってくる。

提携が発表されているＭＵＦＧグループ外の企業は、ＭＵＦＧブランドによる集客力に期待するところが大きい。しかし、想定ほど客が集まらないとなれば、すぐに撤退しても不思議ではない。スマホアプリ内の連携だけであれば、撤退コストも安く済む。

日本版スーパーアプリの勝者は誰か

日本市場でも、中国のウィーチャットやアリペイのようなスーパーアプリが生まれるためには、まず単体で圧倒的な集客力を誇るアプリの存在が不可欠である。その点では、やはり老若男女問わず、毎日利用しているユーザーが多いＬＩＮＥが最有力である。

コード決済アプリを起点とした通信キャリアももちろん有力ではあるが、文字通り、決済時の使用がメインであり、ちょっとしたすき間時間の利用という点ではＬＩＮＥに見劣りする。ただ、日常的に使用する中で認知度が上がれば、他のアプリ（ミニアプリ）の利用も自ずと増えるだろう。通信キャリアの強みはスマホの利用によって自然と積み上がるポイントの存在である。長期にわたって同じ通信キャリアを利用していればいるほど多くのポイントがたまっており、ポイントを重視するユーザーにとってはキャリア変更の抑止力となる。つまり、スーパーアプリの登場前から各社の「ポイント経済圏」に囲い込まれているユーザーは、そのままスーパーアプリにも取り込まれる可能性が高い。

楽天は、楽天市場を筆頭にバラエティに富むサービスを抱えてはいるものの、「圧倒的ナンバーワン」と呼べるほどのキラーアプリはない。そのため、普通に考えれば、スーパーアプリとして国内で唯一無二の存在となるのは難しい。しかし、逆に国内のポイント経済圏では大きな存在感を発揮しており、スーパーアプリでも大きなアドバンテージになる。

日本の場合、ポイント経済圏がユーザーの行動を左右するほどの大きな影響力を持っていることがスーパーアプリとしての成否の予測を難しくする。単純にアプリのユーザー数や充実度だけでは測れないからだ。

この１、２年でメルカリとｄポイントの連携、Ｐｏｎｔａとａｕ ＷＡＬＬＥＴポイントの統合など、大手同士の提携が相次ぎ、各ポイント経済圏はさらに膨張している。こうした提携を経て、将来的には乱立するポイント経済圏が集約されていき、それがそのままスーパーアプリへと戦いの場を移す可能性が高い。この戦いの裏側ではポイントの統合を機に大々的なキャンペーンを実施して、メルカリＩＤとｄアカウント、ａｕ ＩＤとＰｏｎｔａ会員ＩＤなど、ユーザーにＩＤ連携を促す動きも同時並行で進んでおり、ユーザーデータの獲得競争という側面もある。

事業者サイドとしては、これまで別個に存在していたＩＤの紐付けができれば、ユーザーの行動を精緻に把握できるようになる。融資の際の与信に役立てたり、さらに適切なタイミングでパーソナライズした金融サービスなどをオファーしたりすることも可能になる。

エンベデッド・ファイナンスにとっては大きなメリットがある。

コラム　中国のスーパーアプリ「解体」も

中国の2大スーパーアプリの1つで、10億人以上のユーザーを抱えるアリペイに対し、中国の規制当局が分割を命じたと2021年9月14日付の英国『フィナンシャル・タイムズ』が報じている。具体的には、伝統的なクレジットカードサービスに近い「花唄」と少額の無担保ローンを提供する「借唄」を本体から切り離し、国有銀行らが主導する新会社に移した上で、この2つの事業を独立した1つのアプリに統合するという。また、融資の判断材料となる個人データも新会社に引き渡すよう要求している模様だ。

花唄と借唄に代表されるアリペイの融資事業は非常に収益性が高く、今ではアリペイを運営するアントグループの全収益の39%を占め、アリペイの成長を支えてきた決済事業(36%)を追い抜いている。もし、この命令が実行に移されれば、収益面で大きな打撃を受けるほか、独自に与信を行うこともできなくなってしまう。これまで与信のプロセスはアリペイに完全に統合されており、「数秒以内に与信判断を行う」のが大きなアピールポイントとなっていた。

この動きは近年、中国政府が進めている大手テクノロジー企業に対する支配力強化の一環である。政府は、こうしたテクノロジー企業の競争力の源泉がデータの支配にあるとして警戒を強めてきた。アプリの分割だけでなく、ユーザーデータの引き渡しまでを求めているのはその表れであろう。

アリペイの融資事業は、２０２０年には中国国内の住宅ローンを除く消費者ローンの約10分の1を占めるほどの規模になったとされる。この数年、グーグルやアマゾン、フェイスブックなど巨大ＩＴ企業の市場支配力に対する危機感から、規制を強化する動きが世界的に活発になっている。スーパーアプリが文字通り、「スーパー」な存在になりすぎた場合、同じように何らかの規制が課される可能性もある。

エンベデッド・ファイナンスの事業機会

ここまではスーパーアプリを中心にエンベデッド・ファイナンスの将来を展望してきたが、スーパーアプリだけに収斂《しゅうれん》するわけではない。第2章や第3章で見てきた海外の動向を踏まえると、また別のビジネスチャンスも見えてくる。

ＢｔｏＣのビジネスモデルの場合、ＢＮＰＬのようなエンベデッド・ファイナンスのスキームは比較的イメージしやすいが、ＢｔｏＥやＢｔｏＢの場合はイメージしづらいかもしれない。しかし、その分、大きなビジネスチャンスが眠っている。特に、ショッピファイやアマゾンなどが出店社向けに提供している組み込み型貸付の例は、さまざまな業界のマーケットプレイスへ適用できる可能性を秘めている。

たとえば、楽天トラベルやじゃらんに代表される宿泊予約サイトであれば、参加しているホテルや旅館の予約状況や口コミ情報を把握している。そのため、サイトを運営する事業者は組み込み型貸付を提供するポテンシャルがある。レストランの予約サイトなども同様である。もちろん、通常は与信やリスク管理などのノウハウは持ち合わせていないため、金融機関の手を借りる必要はあるが、エンベデッド・ファイナンスのスキームが適用できるはずだ。

ＢｔｏＢ事業を行っており、顧客企業の金流を抑えているという観点では、クラウド会計ソフトやＰＯＳレジのプロバイダーも有望である。すでに事業用クレジットカードや、売上や支出情報を活用した融資サービスを提供しているプロバイダーもあるが、提携する銀行のサイトから申し込みをする必要があるなど、ややスムーズさに欠ける面もある。自社の既存サービスにいかにシームレスに組み込めるかが今後の課題であろう。

　クラウドソーシングなど、ギグワーカーやフリーランス向けのサービス事業者にとっても大きなビジネスチャンスがある。従来の金融機関が提供する融資の場合、勤務先・勤続年数・年収などに基づいて審査を実施するため、フリーランスやギグワーカーは審査に通りづらかった。しかし、米国でウーバーやリフトがドライバー向けに各種の金融サービスを提供しているように、融資のほか、クレジットカードやデビットカードを提供するといったことも考えられる。

　すでにクラウドソーシング大手のランサーズは、２０１８年１月から自社の会員向けに融資サービス「フリーランスレンディング」を提供している。このサービスは提携するオンライン融資サービスのＬＥＮＤＹが提供するもので、ランサーズが紹介した仕事の発注者からの評価実績や報酬額、信用情報機関等の情報を元に、借入可能額（上限は１００万円）や金利などが決まる。ＬＥＮＤＹはランサーズとのアカウント連携によってデータを取得・分析し、自動的に審査を行うため、申し込みから振込まで最短翌営業日というスピード感である。もちろん、面倒な書類作成や郵送等の手間は不要で、手続きはウェブ上で完結する。

また、現在、政府が解禁に向けて検討を進めている給与の「デジタル払い」の動向も注視しておきたい。デジタル払いは、通常の銀行振込ではなく、プリペイドカードなど資金移動業者が提供するサービスを利用して給与を支払うもので、銀行口座の開設が困難な外国人労働者の確保にもつながると期待されている。このプリペイドカードは、米国では「ペイロールカード」と呼ばれており、企業がチャージ式のペイロールカードを発行し、チャージする形で給与を支払う手法が普及している。仮に解禁されれば、組み込み型銀行としてプリペイドカードやデビットカードを簡単に発行可能なサービスを提供するフィンテック企業にとっては大きなビジネスチャンスになる。一方、給与口座として新規顧客を集めてきた銀行にとっては一般消費者の口座離れにつながることから、大きな痛手になる。

この数年、フィンテック、デジタル化といった潮流の中で、金融領域においても法改正が頻繁に行われている。法改正は金融庁などが主催する1~2年の有識者会議などでの検討を経て行われることが多く、会議の資料は随時公開されている。これまでも法改正による規制緩和を機に新たなビジネスが続々と生まれており、新規事業を検討する際はこうした会議での議論に目を光らせておくことをお勧めしたい。

おわりに

本稿の校了近くになってビッグニュースが飛び込んできた。第3章で紹介したデジタル金融サービス「グーグルＰｌｅｘ」の開発をグーグルが断念したと米ウォール・ストリート・ジャーナルが２０２１年10月に報じたのである。

前述した通り、グーグルＰｌｅｘは２０２１年に提供を開始する予定であったが、本稿の執筆中にもサービス開始の知らせはなく、やや不思議に感じていたところでのニュースである。このサービスはグーグルが提供するデジタル金融サービスということもあり、ミレニアル世代やZ世代を中心に大きな関心を集めていた。

ライセンスホルダーとしてグーグルとの提携を発表していた金融機関の期待も大きかった。グーグルがアプリをデザインすること、テクノロジーにこだわる膨大なユーザーにリーチできることなどから、特にデジタルのノウハウを持たない中小の銀行は歓迎ムードであった。実際、前述したコーナーストーン・アドバイザーズが２０２０年に中小の金融機関のエグゼクティブを対象に実施したアンケート結果では、４人に１人がグーグルとの提携を検討していると回答している。

中小の金融機関だけではない。グーグルとの提携を発表していた大手金融機関シティグループで現在ＣＥＯを務めているジェーン・フレイザー氏は、ＣＥＯに就任する前の２０２１年初めにグーグルＰｌｅｘのプロモーションビデオに出演し、グーグルＰｌｅｘへの期待を語っていた。報道によれば、グーグルＰｌｅｘのリリースを待ち望み、シティグループのウェイティングリストに登録している顧客は40万人以上に膨れ上がっており、現在も週に1万人程度の割合で増加しているそうだ。

報道によると、グーグルが開発を断念した理由は、「銀行口座の提供によって、大手銀行に自分たちと競合すると受け取られることを懸念したから」とされている。グーグルのクラウド部門は金融業界を主要ターゲットの1つとしており、バンク・オブ・アメリカ、ＪＰモルガン・チェース、ウェルズ・ファーゴなどの大手銀行も顧客となっている。そして、これらの金融機関の多くはすでにデジタル金融サービスを提供している。

具体名は明らかにされていないが、こうした金融機関からの抵抗に遭い、その結果、手を引くことを決めたのではないかということである。グーグルはこれまでも既存の広告業界やメディア業界を破壊してきた。金融業界も同じように破壊されることを恐れたということだ。

ただし、グーグルは金融サービスから撤退するわけではない。同社のスポークスマンは次のように語っている。「自らがプロバイダーとして金融サービスを提供するのではなく、今後はデジタル・イネーブラーとして、銀行や金融事業者に対してサービスを提供する側に回る」

圧倒的な技術力、ブランド力を背景に世界を席巻するグーグルであっても、新たな分野への参入にあたっては、既存のビジネスパートナーへの配慮から撤退を余儀なくされる。グーグルの影響力があってこそともいえるが、これから異業種、特に金融業界への参入を検討する日本企業もこうした既存のパートナー企業への配慮は欠かせない。

一方で、こうしたハードルを乗り越えた先には大きなビジネスチャンスが眠っていることも事実である。日本企業のこれからの取り組みに大いに期待したい。

【著者紹介】

城田真琴（しろた　まこと）

野村総合研究所 IT基盤技術戦略室長／上席研究員

2001年に野村総合研究所にキャリア入社後、一貫して先端ITが企業・社会に与えるインパクトを調査・研究している。総務省「スマート・クラウド研究会」技術WG委員、経済産業省「IT融合フォーラム」パーソナルデータWG委員、経産省・厚労省・文科省「IT人材需給調査」有識者委員会メンバーなどを歴任。NHK Eテレ「ITホワイトボックス」、BSテレ東「日経プラス10」などTV出演も多数。著書に『FinTechの衝撃』『クラウドの衝撃』『ビッグデータの衝撃』（いずれも東洋経済新報社）、『パーソナルデータの衝撃』（ダイヤモンド社）、『デス・バイ・アマゾン』（日本経済新聞出版社）などがある。

エンベデッド・ファイナンスの衝撃
すべての企業は金融サービス企業になる

2021年12月23日　第1刷発行
2022年 2 月23日　第2刷発行

著　者──城田真琴
発行者──駒橋憲一
発行所──東洋経済新報社
〒103-8345　東京都中央区日本橋本石町 1-2-1
電話＝東洋経済コールセンター　03(6386)1040
https://toyokeizai.net/

装　丁………橋爪朋世
ＤＴＰ………キャップス
印　刷………広済堂ネクスト
編集担当……髙橋由里

Printed in Japan　ISBN 978-4-492-76258-5